JN115320

図解とQ&Aで
よくわかる

民法債権法改正の日常業務対応

香川総合法律事務所 シニアマネージャー

相木辰夫 著

ビジネス教育出版社

はじめに

　120年ぶりに改正された民法債権法（改正民法）は、予定どおり2020年4月1日に施行されました。けれども施行日の前後は、例年とは異なる出来事があり、金融機関や取引先中小企業の業務や個人の生活は予定どおりとはいかなくなりました。そして、改正民法についての営業店の皆さん向けの集合研修は進んでいないかもしれません。

　本書は、地域金融機関の、主に営業店に勤務される職員の方を対象に、お客様と常時対面する営業店の日常業務をスムースに行うための、改正民法の説明をします。

　第1章では、主に営業店に勤務される職員の方を対象とする「集合研修会」をイメージしたスライドと、講師が口頭で解説するシナリオを文字にして、「預金事務」、「融資事務」、「途上・中間管理」、「債権管理・回収」の主要項目について、78の図表と資料により説明をしています。

　改正民法は、主に契約についての改正です。契約や約束は、金融機関業務だけでなく個人や企業にも関係がある、取引を確実に行うための重要なツールです。

　改正民法には、従来の金融機関の事務取扱を変更する必要がある事項が多くあります。金融機関の営業店の日常業務で改正民法を使いこなすために、営業店の皆さんが理解しやすい構成をどのようにするか考えたときに、金融機関では事務のフローは事務取扱要領や規程類によって取り扱っているので、その事務フローに沿って説明をすればよいと考えました。

　そこで、本書では、第3章1で主な「融資事務フローに関する民法債権法の改正項目」を掲載し、改正項目と事務フローと本書での説明箇所がわかるようにし、各章にも本書内の関連記事の箇所を記載してあるので、「もう少し知りたい」ときに役立ちます。

　そして、第1章のスライド解説のほか、第2章では、契約は顧客説

明をして、当事者の合意によって成立するので、金融庁の監督指針の顧客への説明態勢をとりあげています。

　第3章以降では、第1章の主要項目のうち、営業店の皆様が【もう少し知りたい】ときのために、13のQ＆Aを織り込んで説明しています。

　金融機関の取引契約や取引規定は、それぞれの金融機関が規模やお客様や取扱商品のリスクに応じて作成することになり、説明方法を含めて他の金融機関とすべて同じでよいものばかりではありません。

　そこで、改正民法をマスターするためには、本書の説明を読んだうえで、皆さんの金融機関は、どのように取引契約や取引規定や顧客説明を変更したかやその理由を、通達や要領等により確認していただくのがよいと考えます。

　昨今の自己啓発の環境は、時間的にも体力的にもハードですが、改正民法は、金融機関業務を支える「体幹」です。本書によって改正民法を知って、自信をもって顧客説明やセールスをするスキルをマスターしましょう。

　2020年10月

相木辰夫

図解とＱ＆Ａでよくわかる
民法債権法改正の日常業務対応

目　次

第**4**章　営業店の皆さんが日常業務で【もう少し知りたい】ときの
民法改正と担保・保証のチェックポイント

第 **5** 章
営業店の皆さんが日常業務で【もう少し知りたい】ときの
民法改正と中間・途上管理のチェックポイント
－債務引受・弁済

第 **6** 章
営業店の皆さんが日常業務で【もう少し知りたい】ときの
民法改正と債権管理・回収のチェックポイント
－相殺・時効

第 **1** 章

営業店の皆さんが サクサク 読む 民法債権法改正

民法の一部を改正する法律（平成29年法律第44号）が、
2020年4月1日に施行されました。

この改正法は、主に契約についてのもので、金融機関と
取引先との取引契約や取引規定にも影響があります。

第1章では、金融機関の営業店の皆さんのために、200
以上の改正項目のうち、特に影響が大きい事項に絞って、
その概要を説明します。

改正民法の対応にあたっては、第1章で改正法の概要を
知っていただいたうえで、皆さんの金融機関での具体的
取扱い方法を確認していただくのがよいと考えます。

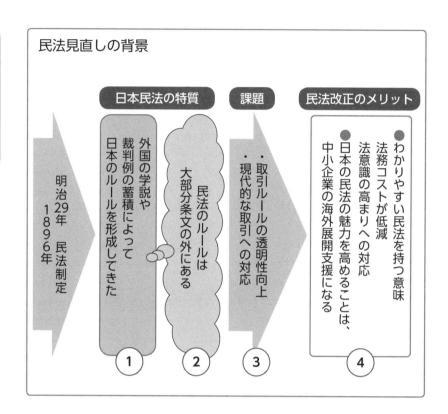

民法見直しの背景

日本民法の特質　課題　民法改正のメリット

明治29年
1896年　民法制定

① 外国の学説や裁判例の蓄積によって日本のルールを形成してきた

② 民法のルールは大部分条文の外にある

③
・取引ルールの透明性向上
・現代的な取引への対応

④
● わかりやすい民法を持つ意味
　法務コストが低減
　法意識の高まりへの対応
● 日本の民法の魅力を高めることは、
　中小企業の海外展開支援になる

〈民法はなぜ改正されるのか？〉

● 改正理由の1番目としては、

　国民の日常生活や経済活動にかかわりが深い契約の規定を、国民にとってわかりやすい民法とし、明治時代からの社会の変化に対応した民法の現代化を図る必要があることによります。そして、現代の日常生活や経済活動の取引スピードや量に対応した民法とすることです。

　旧民法の条文と実際の取引ルールに違いが出た原因としては上図①のように約120年前の明治時代に作られた民法は、その時代に合わせた取引ルールとするために、外国の学説や裁判例の蓄積によって構成してきましたが、民法の条文の改正はほとんど行われませんでした。その結果、②のように旧民法の条文にはその取引ルールが書かれていないので、契約内容の検討は弁護士に相談することになり、手間やコ

ストがかかる原因になっています。

●改正理由の２番目としては、

　明治時代に制定された民法を、現代の社会・経済変化に対応させることがあります。

〈民法が改正されると、どんなメリットがあるのか〉

　民法に取引ルールが書かれていれば、④のように一般国民にもわかるようになるので、契約などにかかる費用が低減されることが見込まれます。また、現代は、国民の法意識が高まり、契約と法律で規律される法化社会なので、民法改正によって取引ルールの透明性を高めることにより、取引の予測可能性が高まるメリットがあります。

　さらに、現代の国際化時代に対応した日本の取引ルールの魅力を高めることにより、日本の民法が海外での取引の契約標準・基準に取り入れられることになれば、中小企業の海外展開の支援にもつながるといわれています。

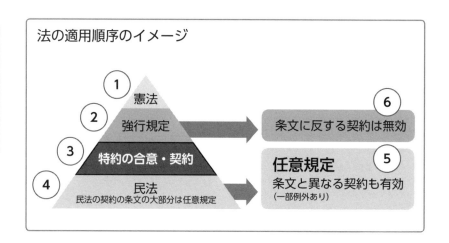

〈そもそも民法とはどんな法律なのか？〉

●金融機関の事務取扱要領やマニュアルには、「民法○条による」と書いてあることは少ないので、民法が金融機関の取引に関係があると気づかないかもしれません。債権についての民法改正は、主に契約に関するものですから、金融機関がお客様とさまざまな約束・契約をする際に重要なものです。しかし、金融機関は、民法の条文を反映させた、事務取扱要領やマニュアルを作成しているので、改正前までは業務を行う際に民法の条文をいちいち確認しなくても取扱いをすることができました。

●民法がどんな場合に使われるのか見てみましょう。

取引条件の合意や契約は、自由にその内容を決めることができるのが原則です（ただし上図②に該当する保証などのその条文を守らないと契約が無効になるといった例外があります）。

そして、④の民法の条文とは異なる、③の特約の合意・契約をすることも可能です。

このように、民法と異なる合意をすることができる条文のことを⑤の「任意規定」と呼んでいます。

【33頁、94頁、155頁、156頁、157頁、159頁、162頁、164頁参照】

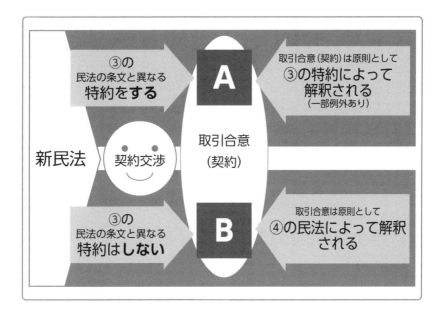

●もし、金融機関の取引が民法の条文だけですべて円滑に処理することができるのであれば、金融機関の契約書や取引規定は日付と署名によるシンプルなものになりそうですが、実際には金融機関では、さまざまな種類の取引契約書や取引規定を設けています。金融機関が「任意規定」によって民法の条文と異なる合意をする理由は、金融機関の取引の中での長年の経験を反映させて、契約の内容を明確にして、トラブルを防ぐためです。

　そして、民法の条文とは異なる契約内容（特約）は、上図Aのように原則として民法の条文に優先して解釈されます。

〈新民法を早くマスターする近道はあるか〉

●これから新民法を知っていただく方法としては、まず、新民法の条文は旧民法と比べてどのように変わったかを知っていただくことがよいでしょう。そして、保証のような強行法規は、特に注意する必要があります。

●次に、そうした新民法の改正内容が、金融機関の業務にどのような

影響があるのかを知ることも必要です。

●しかし、金融機関業務への影響については、金融機関ごとに、自金融機関の規模やリスクに応じた契約書や態勢を整備していると考えられ、顧客説明の内容や方法は他の金融機関と同一でよいとは限りません。

●本書では、「皆さんの金融機関の○○を確認しましょう」の文言が多くありますが、これは、新民法に対応して改訂された皆さんの金融機関の取引契約書や取引規定の内容を確認する必要があるからです。

●そこで、新民法の条文のどの点を明確にするために、取引契約書や取引規定が改定されたのかの理由を、皆さんの金融機関の通達や改訂された顧客説明マニュアルなどにより確認しましょう。

●このように、皆さんの金融機関の民法改正による取引契約書や取引規定の改定内容とその理由を確認することは、営業店のみなさんの顧客説明に役立つとともに、自信をもって説明することによってお客様から信頼される営業活動につながると筆者は考えています。

※本書では、2020年4月1日に施行された「民法の一部を改正する法律」（平成29年法律第44号）を「新民法」とよび、改正前の民法を「旧民法」とよんで以下で説明します。

1. 預金事務

- ■定型約款
- ■預金の譲渡禁止特約
- ■預金の質権設定
- ■成年後見等の代理
- ■消費寄託と預金

◆預金業務は金融機関の固有業務であり、預金事務は、資金の決済や振替を行うための重要な業務です。

◆新民法では、主に預金の受入や支払に関係する以下の項目が改正されています。

●「**定型約款**」が新民法で新設され、主に預金などの取引規定が契約内容となるためのルールや、変更のルールなどを定めています。

●「**預金の譲渡禁止特約**」については、一般の債権は譲渡禁止特約があっても譲渡は有効とする改正がされました。しかし、譲渡制限特約がある預貯金に限っては、譲渡は無効となります。

●自金融機関の「**預金の質権設定**」を承諾する際の対抗要件として準用されている債権譲渡の「異議をとどめない承諾」制度が廃止されました。

●「**成年後見等の代理**」については、成年後見人等が制限行為能力者となった場合には、法定代理人としてした行為を取り消すことができます。そこで、預金規定等の特約で制限行為能力者となった場合の届け出義務を定めることになります。

●「**消費寄託と預金**」では、預金は旧民法では消費寄託とされていましたが、新民法では主に寄託の規定による改正がされ、定期預金を預金者は満期前に払い戻すことができることになりました。そこで、預金規定で、満期前払戻しについて特約を定めています。

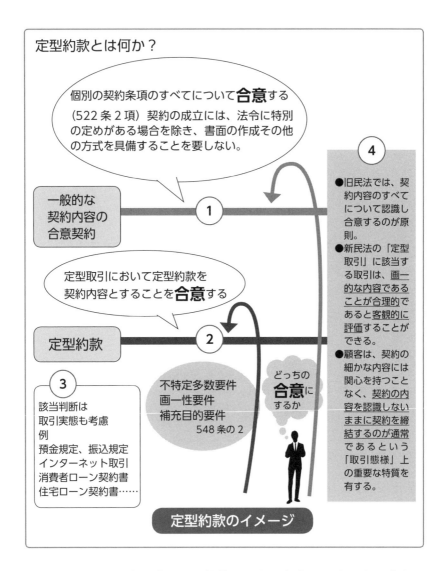

定型約款とは何か？

個別の契約条項のすべてについて**合意**する（522条2項）契約の成立には、法令に特別の定めがある場合を除き、書面の作成その他の方式を具備することを要しない。

一般的な
契約内容の
合意契約

①

定型取引において定型約款を
契約内容とすることを**合意**する

定型約款

②

③
該当判断は
取引実態も考慮
例
預金規定、振込規定
インターネット取引
消費者ローン契約書
住宅ローン契約書……

不特定多数要件
画一性要件
補充目的要件
　　　548条の2

どっちの
合意に
するか

④
●旧民法では、契約内容のすべてについて認識し合意するのが原則。
●新民法の「定型取引」に該当する取引は、画一的な内容であることが合理的であると客観的に評価することができる。
●顧客は、契約の細かな内容には関心を持つことなく、契約の内容を認識しないままに契約を締結するのが通常であるという「取引態様」上の重要な特質を有する。

定型約款のイメージ

●旧民法には、預金規定などの約款に関する条文がなく、また確立した解釈がなかったので、法律関係は不明瞭であると言わざるを得ませんでした。新民法では定型約款が新設され、当事者双方の利益状況に配慮した合理的な制度が設けられました。

●120年前に制定された旧民法の原則では、上図①のように、契約内容を認識して合意する必要があります。

● ところが、例えばインターネット商店で買い物をする場合には、利用規約（定型約款）をよく読まないで、購入手続きに入ることがよくあります。そこで、取引の安全のためには、一定の取引に限っては、利用規約を契約内容とする合意や表示がされていれば（組入要件）、利用規約が契約内容となる制度が必要になります。

● その一定の取引とは、③のような定型取引に該当する取引です。③の取引は、①とは異なり、画一的な内容であることが合理的であると客観的に評価することができるものです。そこで、取引の相手方の顧客は、契約の細かな内容には関心を持つことがなく、その内容を認識しないままに契約を締結するのが通常です。このように、③の取引は、①の旧民法の原則とは異なる特質があります（④）。

● 新民法では、②について、「定型約款」の規定を新設しました。

● そして、定型約款や定型取引に当たるかは、ある取引やその契約の内容とする目的で準備された条項の客観的な側面を考慮して判断されます。そして当事者間の合意によっても、その取引やその契約の内容とする目的で準備された条項が定型取引や定型約款に該当するかどうかを選択することはできません。

● ③の定型約款には、事業性融資の取引約定書や金銭消費貸借契約は該当しないといわれています。一方、消費者ローン契約書や住宅ローン契約書は定型約款に該当するといわれています。【167頁7参照】

●【経過措置】新民法施行日前に締結された③のような定型取引についても、新民法の規定が適用されます（ただし、旧民法の規定によって生じた効力に影響はありません）。

定型約款　組入要件
取引規定の条項の見直し

取引規定

A　合意
B　表示

金融機関

組入要件（定型約款が契約内容になるための要件）

文案A＝取引に際して、
　　　　「私は〇〇規定を承認のうえ〇〇取引を申し込みます。」
　　　　の文言を付して合意する。

文案B＝「〇〇取引は〇〇規定により取り扱います。」と
　　　　個別取引帳票・依頼書等に記載して「あらかじめ」「表示」
　　　　する。

●新民法では、預金規定などの定型約款が新民法により契約内容とみなされる（みなし合意）ためには、「組入要件」が必要になります。

●「組入要件」は、一般的には、上図Aの明示の合意や、Bの表示をすることが考えられています。

●金融機関は、手間と組入要件がないとされるリスクを考慮して、組入要件の対応を検討することになります。

●定型約款準備者（金融機関）の新たな負担としては、顧客から定型約款の内容の開示の請求があった場合に、約款を示すことがあります。

●対応方法としては、取引時にすべての顧客に定型約款を渡したり、メールで送信する方法と、取引後に、ホームページに掲載してあればそれを誘導したり、直接手渡したり、メールで送るなどがあります。

◆皆さんの金融機関での、組入要件がどのように合意されたり、表示されているかを確認しておきましょう。

「定型取引合意」と、定型約款の内容の表示
548 条の 2、548 条の 3

定型約款内容について、
定型取引合意の**前**
または定型取引合意の**後**
相当の期間内に
相手方から請求

定型約款準備者
<例・金融機関>

・・規定
・・約款

遅滞なく、相当な方法で
その定型約款の内容を
示す。

相手方

●「組入要件」では、実際に定型約款の内容が相手方（顧客）に表示されないこともあるため、定型取引合意がされたとしても、その合意の前後に、相手方は定型約款の内容を知りたい場合があります。

●上図のように定型約款を準備した者（定型約款準備者＝金融機関）は、合意の前と合意後の相当期間内に相手方から請求があった場合には、遅滞なく、相当な方法でその定型約款の内容を示さなければなりません。ただし、定型約款準備者が、既に、相手方に定型約款を書面または電磁的記録により提供していた場合は除かれます。

●それでは、提供の具体的方法にはどのようなものがあるでしょうか。定型条項を記載した書面を現実に開示したり、定型条項が掲載されているウェブページを案内するなどの相当な方法によって相手方に定型条項を示す方法があり、これは契約上の義務となるものなので、その違反は損害賠償の対象となります。また、定型約款準備者が定型取引合意の前に定型約款内容の開示を拒んだときは、みなし合意の規定は

適用されません。

●相手方が合意後に定型約款の内容の表示を請求することができる「相当の期間内」とは、契約が継続的なものである場合には、その終了から相当の期間です。

　この相当の期間は、一般的な時効期間を踏まえて最終の取引時から5年程度は顧客からの表示請求に対応することが考えられます。

●そこで、定型約款の内容の表示の実務対応としては、①顧客に全件定型約款を書面・電磁的記録により提供することにより「既に」提供したとするか、②請求があった場合には書面・電磁的記録を提供したりホームページのURLを伝えるなどの用意をして、顧客から請求があった場合の提供の手順をルール化しておく方法が考えられます。

◆皆さんの金融機関での、お客様から定型約款の開示請求があった場合の対応方法を確認しておきましょう。

定型約款　変更要件
取引規定の条項の見直し

変更条項＜文案＞（548条の4）

1. 本規定は、民法548条の2第1項に定める定型約款に該当するため、当金融機関は、本取引の内容、料金、手数料、利用時間や限度額等の取引条件について、同548条の4の規定により、次の場合に本規定を変更できるものとします。
（1）お客様の一般の利益に適合する場合
（2）前号の場合を除き、法令、経済情勢、経営状況の変化・変動その他の事情に照らして、本規定の変更が合理的である場合

2. 本規定の変更は変更後の規定の内容及び効力発生日をインターネットその他適当な方法で公表し、効力発生日から変更後の本規定の効力が発生するものとします。

3. 第1項2号による変更の場合、前項の公表時と効力発生日の間には、〇か月以上の相当な期間を置くものとします。この場合、お客様は、効力発生日の前日までの間、本規定〇条の解約規定にかかわらず、予告期間なく、かつ違約金を支払うことなく、本契約を直ちに解約することができるものとします。

●定型約款のメリットとしては、定型約款準備者（金融機関）が、上図のような一定の要件のもとに、定型約款の内容を顧客の同意がなくても変更できることがあります。

●定型約款変更の要件としては、①定型約款の変更が、相手方の一般の利益に適合するときであるか、②変更の契約の目的に反せず、かつ、変更に係る事情に照らして合理的なものであるとき、のいずれかに該当することが必要です。

●なお、②の変更の場合の合理性判断には、定型約款の変更をすることがある旨の定めの有無が考慮されます。変更条項がなくても、変更は可能ですが、変更条項があると変更の合理性判断に有利になるといわれています。

●次に変更の手続要件としては、金融機関（定型約款準備者）は、定

型約款を変更するときは、その効力発生時期を定め、かつ、定型約款を変更する旨と変更後の定型約款の内容やその効力発生時期をインターネットの利用その他の適切な方法により周知する必要があります。そして、②の変更については、効力発生時期が到来するまでに所定の周知をしなければ変更の効力が生じません。

●変更条項を設ける場合の考え方としては、前頁の＜文案＞のようにどのような事項について変更がされることがあるかや、変更がされる事情などについてできるだけ記載することが考えられます。

●しかし、変更条項を設けても、記載にない事項や事情により変更がされた場合の合理性判断は、最終的には裁判所によってなされるので、どのような変更条項とするかが検討課題になります。

　なお、預金規定や契約書では、当金融機関「所定」の文言が使われていることが多くあります。

　この「所定」としている事項が、契約の重要な要素（預金金利や貸付利息、権利行使等のための手数料など）である場合には、顧客から求められた場合にはその内容を表示し、その変更は定型約款と同様の取扱いが必要になるので、注意が必要です。

　なお、定型約款とされる住宅ローン契約などの変更については167頁7を参照ください。

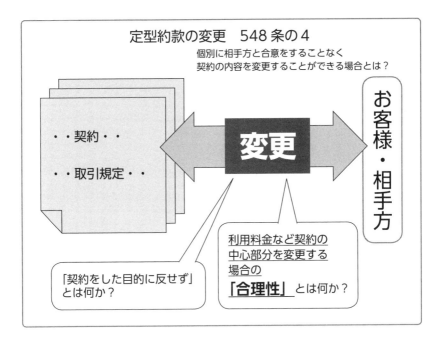

定型約款の変更　548条の4

個別に相手方と合意をすることなく
契約の内容を変更することができる場合とは？

・・契約・・

・・取引規定・・

変更

お客様・相手方

「契約をした目的に反せず」とは何か？

利用料金など契約の中心部分を変更する場合の**「合理性」**とは何か？

●定型約款を変更する内容としては、法令の変更による場合など金融機関と顧客双方にとって一般の利益に適合する場合と、上図のような契約の中心部分の、料金の値上げやサービス内容の縮小など顧客にとって不利益になる変更をする場合があります。

●こうした定型約款の相手方（顧客）にとって不利益変更であっても、契約した両当事者間で共有された契約の目的に反せず、客観的に見てその変更が合理的である場合には可能です。

●そして、この合理性の判断の考慮要素としては、「変更の必要性、変更後の内容の相当性、この条の規定により定型約款の変更をすることがある旨の定めの有無及びその内容その他の変更に係る事情」があります。

●「その他の変更に係る事情」として考慮される事情には、変更によって相手方（顧客）が受ける不利益の程度や性質、その不利益を軽減させるような措置がとられているか（解除権付与、猶予期間の設定等）があります。

約款の変更に関する参考例

○（規定の変更）
(1)　この規定の各条項その他の条件は、金融情勢の状
　　況の変化その他相当の事由があると認められる場合
　　には、当行ウェブサイトへの掲載による公表その他
　　相当の方法で周知することにより、変更できるもの
　　とします。
(2)　前項の変更は、公表等の際に定める適用開始日か
　　ら適用されるものとします。

●定型約款の変更規定については、上図の全銀協の参考例があります。
●定型約款の変更が合理的なものと認められやすくなる条項としては、
前掲＜文案＞のように①定型約款の変更を将来行うことがある旨や、
②変更を実施する条件、③変更を実施するための手続きを定めること
が考えられます。そして、②の変更を実施する条件を明確に定めてい
ない場合には、変更をするにあたり民法548条の4の要件を充足して
いるかを検討する必要があります。
●変更の適用開始日について、猶予期間を設けることは不利益を軽減
する措置と評価されます。また適用開始には周知が終了したことが必
要です。高齢者向け商品の周知方法をインターネットのみで告知する
ことでよいのか、商品性によっては個別通知が必要な場合もあるとの
意見もあります。

◆皆さんの金融機関の事務取扱要領やマニュアルによって、定型約款
の変更の方法を確認しておきましょう。

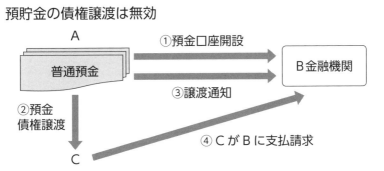

預貯金の債権譲渡は無効

旧民法	新民法
譲渡禁止特約につき悪意または重過失の譲受人Cへの債権譲渡は無効（絶対的無効）（旧法466条2項）	譲渡制限特約付債権の譲渡は有効であり、債務者は悪意または重過失の譲受人に弁済の相手方を固定する抗弁を対抗（権利を主張）できるにとどまる（466条2項）
預金債権に譲渡禁止特約があることは、銀行取引経験のある者には公知の事実。Cは譲渡禁止特約について、悪意または重過失であるから、譲渡は無効（最判昭48.7.19）	預金債権については、現在の規律と同様に、譲渡を禁止する特約を悪意・重過失の譲受人に対抗することができる（権利を主張することができる）。Cは譲渡禁止特約について悪意または重過失（466条の5）に該当する
B金融機関は、Cの支払請求に応じる義務なし	B金融機関は、Cの支払請求に応じる義務なし

● 債権譲渡とは、債権者Aが債務者Bに対して有する債権を、AC間の売買などにより、その債権を新たな債権者Cに移転することです。

● 融資取引で、売掛金を担保に融資をする際に使われる債権譲渡は、新民法では譲渡制限特約があっても債権の譲渡は有効とする上図の改正がされました（466条2項）。

● そうすると、同じ債権である預貯金についても、譲渡ができてしまうのかと心配になります。

● しかし、新民法では例外的に、譲渡禁止特約がある預貯金の譲渡は無効となるので従来の実務が維持されます（466条の5）。

もう少し知りたい ➡ 172頁2

```
預金取引| 自金融機関預金への質権設定の承諾

         旧民法              │          新民法

質権設定依頼書              │  質権設定依頼書
○預金                      │  預金
上記預金への質権設定を依頼します │  上記預金への質権設定を依頼します
──────────────────│──────────────────
質権設定を承諾します         │  質権設定を承諾します    ┌質権設定の承諾┐
                           │  現在有しまたは今後有する
  ┌異議をとどめない承諾┐      │  一切の抗弁を放棄します
  │                    │     │
  │ 質権設定の承諾      │     │  ┌別途の意思表示による抗弁放棄┐
  │ 抗弁放棄           │     │
```

経過措置　新民法施行日前に設定契約が締結された債権を目的とする質権の対抗要件は、旧民法による　附則11条

●異議をとどめない承諾とは、債務者が異議をとどめないで債権の譲渡の承諾をしたときは、債務者は、譲渡人に対して対抗（抗弁。権利を主張）できた事由があっても、これをもって譲受人に対抗できない（権利を主張することができない）というものです。

●旧民法の債権譲渡の異議をとどめない承諾制度は、新民法で廃止されました。

●そうすると、預金事務関係では、債権譲渡の対抗要件は、質権の対抗要件で準用しているので、取扱いに変更が生じます。

●質権設定の異議をとどめない承諾について、特段の合意をする場合には、包括的なものとせず、一定の事由を例示したうえでバスケット条項を設けることが考えられます。

●自金融機関の預金の質権設定承諾をするのはプロの金融機関ですから、上記例示はせず、上図のような承諾をする文言になると考えられます。

◆皆さんの金融機関で、承諾書を作成して承諾を求めてくるのは、預金者である取引先の債権者が多いので、窓口で受付の際には注意をしましょう。

もう少し知りたい ➡ 171頁

成年後見人等の届出

・保佐人等が制限行為能力者になった場合の届出

・102条＝制限行為能力者（未成年者、成年被後見人、被保佐人、審判を受けた被補助人）が代理人としてした行為は、行為能力の制限によっては取り消すことができない。ただし、制限行為能力者が他の制限行為能力者の法定代理人としてした行為については、この限りでない。

●旧民法では、制限行為能力者（未成年者、成年被後見人、被保佐人、審判を受けた被補助人）の代理行為は、行為能力の制限の規定により取り消すことはできませんでした。

●新民法では、上図のように、まず、被保佐人または被補助人が、保佐人または補助人の同意を得て制限行為能力者（未成年者、成年被後見人、被保佐人、審判を受けた被補助人）の法定代理人になることができるとする根拠規定を新設しました。そして、制限行為能力者が、「他の制限行為能力者」の法定代理人としてした行為については、例外的に行為能力の制限の規定によって取り消すことができます（102条）。

●意思能力に関連して、実務上、新民法の意思表示の受領能力の改正も重要です。新民法では、意思表示を受領した時に相手方が意思能力を有しなかったときは、その意思表示の効力を対抗できません（権利を主張することができない）（98条の2本文）。

●そこで、継続的取引の中で、顧客の意思能力が低減した場合に、顧客に対して契約の解除や債務の履行請求をしても、後日になって、意思能力を欠いていたのでその解除等は無効だと主張され実務が混乱するおそれがあります。こうした場合には、みなし到達の規定は適用がないと考えられているので、意思能力に懸念がある場合の解除等には注意が必要です。もう少し知りたい ➡ 150頁（4）、151頁（5）

成年後見の届出に係る参考規定

第〇条（成年後見人等の届け出）
① 家庭裁判所の審判により、補助・保佐・後見が開始
された場合には、直ちに成年後見人等の氏名その他必
要な事項を書面によってお届けください。預金者の成
年後見人等について、家庭裁判所の審判により、補助・
保佐・後見が開始された場合も同様にお届けください。
②〜⑤略

● 施行日前に締結された預金契約についても、預金者の法定代理人が
制限行為能力者である場合には、施行日後にした行為に新民法が適用
されることになります。

● 新民法に対応して、上図の全銀協の参考規定があります。

● 預金規定等の変更についての顧客説明としては、例えば、「新民法
（債権法）において、制限行為能力者の、他の制限行為能力者の法定代
理人としての行為は取り消すことができる旨が定められたことから、
預金者の後見人等が法定後見制度の対象となった場合の届出を義務化
するものです」などとすることが考えられます。

● 【経過措置】代理について新旧民法の適用を分ける基準時は、代理
人による代理行為の時点です。新民法施行日前にされた代理行為につ
いては、旧民法が適用され、施行日以後にされた代理行為については、
代理権の発生原因（法定代理人の選任）が施行日前であっても取り消
すことができます。

◆皆さんの金融機関の、この規定の改訂理由の説明を確認しておきま
しょう。

もう少し知りたい ➡ 150頁（4）

消費寄託

消費寄託の位置づけ変更（666条）

・消費寄託についても、寄託の規定を適用することを原則とする（当事者が返還の時期を定めたときであっても、寄託者（預金者）は、いつでもその返還を請求することができる（662条が適用）

・預貯金については、受寄者（金融機関）による期限前の返還を可能にする（666条2項）（預金を受働債権とする相殺など）

●旧民法では、預金・貯金の性質は消費寄託とされています。そして、消費寄託には消費貸借の規定が準用され、定期預金は期限付きの預金なので、満期前には原則として払い戻すことができない預金とされていました。

●新民法では、上図のように預金・貯金は一部を除き寄託の規定によることになりました。

●そうすると、定期預金の預金者は、寄託の民法の規定に基づいて満期日前であっても、預金の払戻しができることになります。

●預金の担当の方からは、窓口では事情を聞いたうえで、中途解約に応じているので、今までと変わらないとの意見があります。

●一方、融資担当の方の場合は、定期預金の中途解約の申し出があるときに、保全上の懸念がある場合もあり得ます。

●【経過措置】消費寄託について新旧民法の適用を分ける基準時は、契約の締結時点です。消費寄託契約が新民法施行日前に締結されていた場合には、旧民法が適用されます。

期日指定定期預金規定ひな型・通帳式

4.（利息）
(1)(2) 略
(3) この預金を第5条第1項により満期日前に解約する場合には、その利息は、預入日から解約日の前日までの日数について次の預入期間に応じた利率（小数点第〇位以下は切り捨てます。）によって1年複利の方法により計算し、この預金とともに支払います。（略）

5.（預金の解約、書替継続）
(1) この預金は、当行がやむを得ないと認める場合を除き、満期前の解約はできません。
(2) この預金を解約または書替継続するときは、当行所定の払戻請求書に届出の印章により記名押印してこの通帳とともに当店に提出してください。ただし、元金に利息を加えて書替継続するときは、この通帳のみでも取扱います。この場合、届出の印鑑を引き続き使用します。

●全銀協の、定期預金規定の満期前解約の禁止のひな型改正は、上図のとおりです。「この預金は、当行がやむを得ないものと認める場合を除き、満期日前の解約はできません」の文言が加わり、満期日前の解約が禁止されていることを明確にしています。

●旧民法下の実務では、資金の必要性が生じた理由を確認したうえ、特段の事情がなければ満期前の支払いに応じています。そこで、規定改正により、これまでよりも、満期日前解約について、金融機関が厳格な対応を行うような誤解を与えかねないので、現在の実務を変更する趣旨ではないことの顧客説明が必要と考えられます。

●そこで、顧客説明としては、例えば、「新民法の下では、預金について、寄託の規定を準用することとなり、寄託者（預金者）は受寄者（金融機関）に対していつでも返還を請求できる旨の規定が適用され、別段の合意がない限り、定期預金の満期日前であっても解約できることとなるので、定期預金の満期日前の制限について明確化するものです」などとすることが考えられます。

◆皆さんの金融機関の、預金規定の改訂の顧客説明内容を確認しておきましょう。

2. 融資事務

■消費貸借
■債権譲渡
■個人根保証契約
■保証意思宣言公正証書
■保証人に対する情報提供義務
■連帯保証人の一人に対する請求

◆融資取引は、融資契約や担保・保証を組み合わせたものです。

● 「**消費貸借**」は、証書貸付や手形貸付で使われますが、新民法では、書面による消費貸借は、現実に金銭の交付をしなくても融資契約が成立する（諾成契約）となりました。しかし、地域金融機関では、新民法下で資金を交付したときに契約が成立する（要物契約）ことが多いと思われます。そこで、要物契約とする場合には顧客説明に注意する必要があります。

● 「**債権譲渡**」は、担保や保証に依存しない融資である売掛債権譲渡担保融資やABLで利用されています。債権は譲渡禁止特約があるとその譲渡や担保設定は無効でした。新民法は、譲渡禁止特約があっても譲渡は有効となりました。しかし、ABL等では課題が残されています。

● 「**保証**」は、保証人保護が拡大した改正がされました。そして、事業融資で経営者以外の個人の第三者が保証人となる場合には、保証契約に先立つ1か月前に「保証意思宣言公正証書」を作成しないと保証は無効となります。

● 「**保証人に対する情報提供義務**」は、債権者と債務者の、保証人に対する情報提供義務が新設されました。

● 「**連帯保証人の一人に対する請求**」は、絶対効から、相対効に改正されました（連帯保証人の一人についての時効の完成・免除も同様）。

新民法の消費貸借契約対応策

・書面による消費貸借契約が諾成的に成立するためには、貸主の「貸す意思」と、借主の「借りる意思」が表示されていることが必要
　➡コミットメントライン条項のような実行条件を設定できるか？

・新民法下でも、要物の消費貸借契約とすることは可能
　➡実行により消費貸借契約が成立する、実行までは融資義務を負わないことを明確化

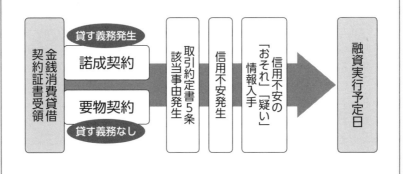

●消費貸借とは、当事者の一方（借主）が相手方（貸主）から金銭その他の代替性のある物を受け取り、これと同種、同等、同量の物を返還する契約です。

●旧民法では、消費貸借は、金銭等の目的物（融資であれば融資金）が相手方に交付されたときに成立する要物契約とされていました（実際に金銭が交付されるまでは契約が成立せず、借主は金銭を交付せよという請求ができません）。

●新民法では、上図のように消費貸借は、書面によるものは諾成契約になり、合意のみで契約が成立し、金融機関は融資義務を負うということで、話題になりました。

●地域金融機関の金銭消費貸借契約では、契約書受領後と融資実行日までの間の信用不安発生等がありうることから、以下で説明する内容と合わせて、要物契約を採用することが多いと思われます。

もう少し知りたい ➡ 155頁〜

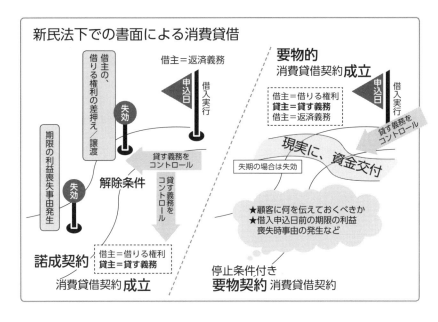

〈消費貸借改正の顧客説明の注意点〉

●消費貸借は、新民法では書面によるものは諾成契約になり、金融機関は融資義務を負うということで、話題になりました。

●しかし、施行後の地域金融機関の対応としては、この条文は任意規定（当事者が民法の条文と異なる合意をすることができる【12頁参照】）であることから、上図のように要物契約を採用することが多いと思われます。

●諾成化についての理屈としては、旧民法は要物契約なので、新民法施行後も要物型の消費貸借とするのであれば、契約書を改訂しなくてもよいのではないかという意見や、旧民法下の金銭消費貸借契約は差入方式なので、双方署名方式の諾成契約は成立せず、金融機関の融資義務は発生しないとの考え方もあります。

●しかし、顧客の立場からは、新民法施行後に金融機関が要物型とした金銭消費貸借契約をなんら説明することなく受領した場合には、停止条件付の金銭消費貸借契約が成立しているとの誤解を受けて、トラブルになるおそれがあります。

もう少し知りたい ➡ 155頁〜

3種類の消費貸借契約

消費貸借契約	書面による契約		書面によらない契約
契約成立時期	諾成契約	要物契約	要物契約
金融機関の貸す義務の発生時期	契約締結の時	融資金を借主に交付した時	融資金を借主に交付した時
申込キャンセル	できる（損害賠償を請求されることがある）	契約は成立していないので可能	契約は成立していないので可能
	①	②	③

●顧客の立場からは、新民法の下で、消費貸借契約は上図の3種類があることになります。

●そして、新民法施行後に金融機関等から融資を受ける際には、図の①〜③のうち、書面でする契約である①②について、①貸主が消費貸借契約書を受け取ったら融資契約が成立するのか（貸主は融資義務を負う）、②実際に融資金が交付されるまでは融資契約は成立しないのかのうち、どちらの契約方法なのかについて借主は疑問を持つ場合があると考えられます。

●なお、消費貸借契約が電子メールなどの電磁的記録によりなされた場合も書面によってなされたとみなされます。金融機関の実務では、金銭消費貸借契約証書に借主が記名押印することによって契約を成立させることが一般的です。

　しかし、最近では「金融業界における書面・押印・対面手続の見直しに向けた検討会」（金融庁・令和2年6月設置）で金融業界の各手続の電子化が検討されています。そこで、今後、消費貸借契約が電子メールなどの電磁的記録により成立しているとしてトラブルになるおそれがあるので、電磁的記録によるやりとりには注意しましょう。

もう少し知りたい ➡ 36頁、155頁〜

契約条項の違い

①の契約条項の例 （諾成契約）	債務者は金融機関から次の要項により金銭を借り入れることを申し込み、金融機関は貸し出すことを承諾した。 （契約日＝契約成立日）
②の契約条項の例 （要物契約）	債務者は、この金銭消費貸借契約が金融機関による金銭の交付をもって成立し、その効力が生じることに同意する。 （契約日＝貸出日）

●消費貸借契約が上図の①の諾成契約であるか②の要物契約であるかによって、契約条項にも違いが出ます。

●①の諾成契約の消費貸借では、契約日＝契約成立日となります。

●②の要物契約の消費貸借では、契約日＝貸出日となります。

●なお、手形貸付も、書面による消費貸借ですが、①のような文言がないことから、諾成契約になることはないと考えられます。

◆皆さんの金融機関の金銭消費貸借契約証書がどのような契約条項になっているのかを知り、契約書の文言や顧客説明マニュアル等も確認して、顧客説明を行いましょう。

もう少し知りたい ➡ 155頁〜

（差入方式の要物契約の場合）
金銭消費貸借契約のお客様向けご説明【イメージ】

・消費貸借とは物を借り受けて、後日それと種類・数量の同じ物を返す契約をいいます。金銭を借り受け、返すことを約束する契約は、金銭の消費貸借契約となります。

・金銭消費貸借契約の成立時期は、契約書を当金融機関が受け付けたときではなく、当金融機関がお客様に実際に融資金を交付したときに成立します。そのため、契約日は融資実行日と同日になります。

●金融庁の監督指針では顧客説明が多く取り上げられています【後掲2章・付録参照】。新民法の下での消費貸借についての顧客説明をどのようにするのかは重要なテーマになります。

　そして、金銭消費貸借契約を要物契約とする場合には、実際に融資金を交付した時に契約が成立することを契約書で定め、また上図のイメージのように説明をすることがトラブル防止になると考えられます。

◆皆さんの金融機関の顧客説明マニュアルでは、金銭消費貸借契約ではどのような説明をするのかを確認しておきましょう。

もう少し知りたい ➡ 155頁〜

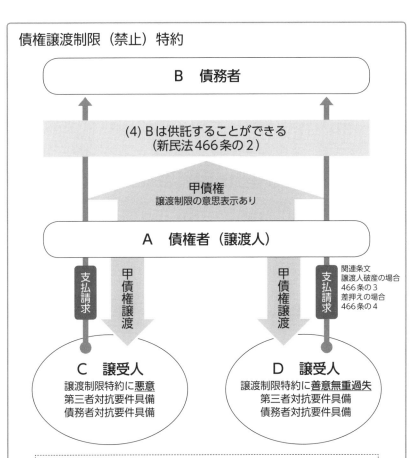

債権譲渡制限（禁止）特約

B　債務者

(4) Bは供託することができる
（新民法466条の2）

甲債権
譲渡制限の意思表示あり

A　債権者（譲渡人）

支払請求　甲債権譲渡

甲債権譲渡　支払請求

関連条文
譲渡人破産の場合
466条の3
差押えの場合
466条の4

C　譲受人
譲渡制限特約に**悪意**
第三者対抗要件具備
債務者対抗要件具備

D　譲受人
譲渡制限特約に**善意無重過失**
第三者対抗要件具備
債務者対抗要件具備

(1) AとC間・AとD間では債権譲渡は有効　466条2項
(2) BはAに履行することができる　466条3項
　　（Bの弁済先固定利益を保護）
(3) AがBに対して訴訟で請求しても、請求は許容されない
　　（訴求力はない。自分が当事者となって裁判で請求することはできない）
(以下、上記(4)に続く)

二重譲渡の場合の譲受人間の優劣は、改正法に取入されず、最判昭和49年3月7日が維持され、確定日付ある通知が債務者に到達した日時または確定日付ある債務者の承諾の日付の先後によって決せられる。

●債権譲渡とは、債権者Aの債務者Bに対する売掛債権を、例えば債権譲渡担保による担保化の手段等として、Cに移転することです。

●債権譲渡制限（禁止）特約とは、債権の譲渡を禁止し、または制限する旨の、債権者と債務者の間の特約です。

●旧民法の債権譲渡禁止特約は、債権が苛酷な取立てをする第三者に譲渡されることを防止し、弱い立場に置かれている債権者を保護するために設けられたといわれています。しかし、最近では譲渡禁止特約を大企業の債務者が用いることが多くなっています。

●旧民法では、譲渡制限特約がある債権の譲渡は無効で、担保設定も無効になります。このように、旧民法で強い効力が認められている譲渡禁止特約は、売掛債権譲渡担保融資やABL等による中小企業の資金調達の支障になっているといわれています。

●金融機関取引で債権譲渡を行う主なケースは、担保として受け入れる場合です。そして、債務者の関心事は、自分の債務を誰に支払えば二重支払いの危険から逃れられるかということです。

●そこで、新民法では前頁の図のように債権が譲渡された場合に、債務者は弁済の相手方を判断することに困ることがありうるので、債務者保護のために債務者が弁済供託をすることによって債務を免れることができます。

●なお、指名債権の二重譲渡の場合の優劣については、最高裁判所昭和49年3月7日判決により確定日付がある通知が債務者に到達した日時または確定日付ある債務者の承諾の先後によって決する従来の実務が維持されます。

もう少し知りたい ➡ 172頁〜

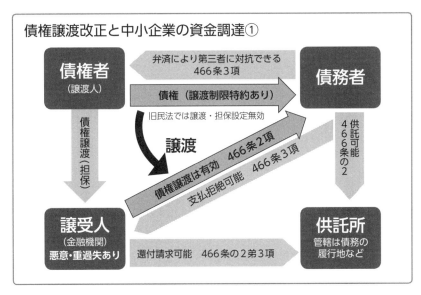

●新民法で中小企業の債権譲渡による資金調達はどうなるのかを考え
てみましょう。

●債権譲渡は、弁済期前の売掛金等の現金化のほか、担保化（譲渡担
保）の目的で、動産・債権等の権利を形式的に移転させる方法として
も使われています。旧民法では、前掲のように債権の譲渡を禁止し、
または制限する旨の、債権者と債務者の間の特約（債権譲渡制限（禁
止）特約）があると、債権譲渡や担保設定は無効になります。

●新民法の債権譲渡の改正によって、上図のように譲渡制限特約があ
っても債権譲渡は有効になりました。

●しかし、取引先間の取引基本契約等には、取引上の債権・債務につ
いて「譲渡を禁止する特約」が一般的に規定されています。

●そうすると、この取引基本契約の条項に基づいて、債権譲渡は契約
違反として取引先から契約を解除されるおそれがあります。

●新民法下で、こうした解除は無効となることが保障されない限り、
中小企業が取引先を失うリスクを冒してまで売掛債権譲渡担保によっ
て資金調達をすることは考えにくいと思われます。

もう少し知りたい ➡ 172頁～

債権譲渡改正と中小企業の資金調達②

◆特約の例
- 保証協会・金融機関等に対する譲渡・担保提供を認める。
- 不当に契約解除・取引停止・損害賠償請求等を行わない。
- 国交省2019年12月建設工事標準請負契約約款改正では、一定の場合に債権譲渡できる

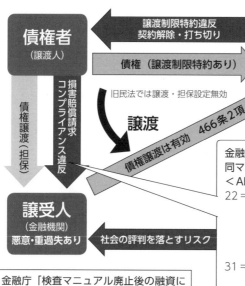

債権者
（譲渡人）

譲渡制限特約違反
契約解除・打ち切り

債務者

債権（譲渡制限特約あり）

支払拒絶

損害賠償請求
コンプライアンス違反

債権譲渡（担保）

旧民法では譲渡・担保設定無効

譲渡

債権譲渡は有効　466条2項

譲受人
（金融機関）
悪意・重過失あり

社会の評判を落とすリスク

金融検査マニュアルFAQ
同マニュアルは2019年12月廃止
＜ABL編＞抜粋
22＝「売掛金担保」が「一般担保」として扱われるためには、登記や第三債務者との契約に基づき、（中略）譲渡禁止特約が付されていないこと
31＝「異議をとどめない承諾」を得た「売掛金担保」については、「決済確実な商業手形」の要件に準じた要件を備えている限り、原則として、「優良担保」として取り扱って差し支えありません

金融庁「検査マニュアル廃止後の融資に関する検査・監督の考え方と進め方」（案）に対するパブリックコメントの結果等について（2019年12月18日）

提出意見85.に対する金融庁の回答
譲渡禁止特約付債権についても、改正民法の施行後は、譲渡禁止特約が付されていることのみをもって回収可能性がないと判断されるわけではなく、上記の諸般の事情を考慮した上で回収可能見込額を算出することになると考えられます。

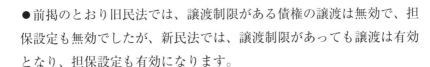

●前掲のとおり旧民法では、譲渡制限がある債権の譲渡は無効で、担保設定も無効でしたが、新民法では、譲渡制限があっても譲渡は有効となり、担保設定も有効になります。

●しかし、債務者は、必ず譲受人に対して支払わなければならないかというと、譲受人である金融機関は譲渡禁止の存否を調査するのが一般的であることから、悪意・重過失ありとみられて、前頁の図のように債務者から支払拒絶を受けることが予想されます。

●それでは、債務者は支払いをしなくてよいことになるのかというと、債権譲渡はあくまで譲受人と譲渡人の契約であり債務者はあずかり知らないところです。そこで新民法では、債務者保護として、債務者は元の債権者である譲渡人に支払うことによって債務を免れるとしました（弁済の相手方固定）。そのほか、債務者は譲受人が善意・無重過失であっても供託をすることができます。

〈契約上明確にする特約はできるか？〉

●新民法についての法務省の解釈では、譲渡制限特約が付された債権を譲渡する際に、譲受人に特約の存在を通知する義務を課したうえで、これにより譲受人を悪意者とした場合には、譲渡人は譲渡制限特約違反の責任を負わないとしました。そして債権譲渡をしたことを理由として、債務者が取引を打ち切ったり契約解除をすることは権利濫用になり、解除は不可としています。

●法務省の解釈が取引で定着するまでの間は、前頁の特約の例のような条項を取引契約に盛り込むルール作りが必要になると考えられます。

●なお、2019年12月に廃止された金融検査マニュアルのFAQでは、譲渡債権について一般担保・優良担保の説明がありましたが、同マニュアル廃止後についての金融庁の説明では、譲渡制限特約が付されていることのみをもって回収可能性がないと判断されるわけではなく、諸般の事情から回収見込額を算出すると説明されています。

もう少し知りたい ➡ 172頁〜

譲渡制限特約と、コンプライアンス、コミングリングリスク等

①弁済の相手方固定の改正がされた。
　弁済の相手方固定により、金融機関が、譲渡制限付債権の譲渡を勧めることは、それほど債務者に迷惑をかける行為ではなく、解釈論として、重大な違反とはならないのではないか。
　コンプライアンス、レピュテーションリスク・取引終了リスクについて、けしからんとする社会の受けとめを解釈によって変える。

②債権者（A）は、債務者（B）に対して売掛債権を有しているケースでは、Aは売掛金等の受取口座を指定できるので、売掛債権譲渡担保融資を実行する金融機関（C）に開設した、Aの口座に回収金の振込指定をすれば、平時の回収のコミングは防ぐことができる。
　ただし、Aが法的整理に入った場合の、回収策については、整理の前後により、破産債権等となるか、共益債権となるかについて、議論がある。

●新民法の下でも、中小企業が譲渡制限特約がある売掛金を担保に融資を受けるためには、取引先（債務者）に対して、譲渡制限の解除依頼や通知・承諾が必要になります。そうすると、取引先から資金不足を疑われる不安があります。

●中小企業が望んでいた制度は債務者に知られないで債権譲渡により資金調達ができる特例法（動産及び債権の譲渡の対抗要件に関する民法の特例等に関する法律）のような改正でしたが、新民法では実現できませんでした。

●法務省は、前掲のように新民法による譲渡制限付債権の譲渡は、弁済の相手方を固定していることから債務者になんら損害を生じさせるものではなく、譲渡禁止特約違反として契約を解除したり、取引解消

をすることは、権利濫用に当たり不可としています。

●新民法では、前頁の図のように譲受人が譲渡制限があることについて悪意・重過失がある場合は、債務者は譲渡人（債権者）に弁済して債務を免れることができますが、債務者の当該回収金の口座が分別管理されていないと、譲受人の金融機関は回収が手間取るおそれがあります。また、譲渡人が法的整理等に入ると、債務者の支払時期によって、配当債権となったり共益債権となる可能性があります（コミングリングリスク）。

●さらに、債権譲渡担保融資を行った金融機関が、譲渡人から契約違反を強いる金融機関であるとの法令遵守リスクやレピュテーションリスクが発生したり、売掛債権を金融機関に譲渡して融資を受けた取引先中小企業が取引相手（債務者）から契約解除・取引の停止を受けた場合には、譲渡制限付債権譲渡担保融資のリスクを十分説明しなかったとして、金融機関が損害賠償を請求されるおそれがあります。

●以上のことから、債権譲渡によって中小企業が資金調達を円滑に行うためには、取引慣行を、下請中小企業振興法3条1項の規定に基づく振興基準のように、「銀行への譲渡は認める」「不当に契約解除・取引停止・損害賠償請求等を行わない」などのガイドライン作成の必要性があるとの意見があります。【40頁の図参照】

◆皆さんの金融機関や、信用保証協会のABL保証（流動資産担保融資保証）の取扱い方法を確認しておきましょう。

もう少し知りたい ➡ 172頁〜

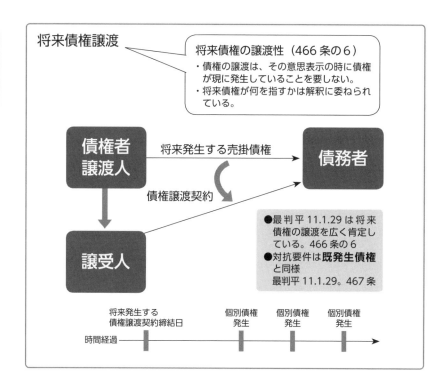

●将来債権の譲渡とは、上図のように将来発生する債権を売買等によって譲渡し、またはこれを担保に提供する目的で譲渡することです。将来債権譲渡は、例えば、大手建設会社から継続的に工事を受注している下請会社が、金融機関から融資を受ける際に、今後1年間に発生する請負代金債権を担保に提供する場合などに利用されます。

●旧民法では将来債権譲渡は判例で認められていますが、新民法では明文規定が置かれ、既に発生した債権の譲渡と同様の方法の対抗要件も規定されました。

もう少し知りたい ➡ 180頁（2）

経過措置と債権譲渡に関する例外
改正法は、新民法施行後の譲渡契約に適用

改正法附則 22 条
（債権の譲渡に関する経過措置）
第 22 条　**施行日前**に債権の譲渡の原因である法律行為がされた場合における その債権の譲渡については、新法第 466 条から 469 条の規定にかかわらず、**なお従前の例**による。

⇒「債権の譲渡の原因となる法律行為」とは、債権譲渡契約を指します。譲渡の対象になる債権が施行日前に発生したものであっても、**譲渡契約が施行日後にされていれば新民法が適用されます**。
⇒債権譲渡の新民法の規定の適用は、債権譲渡契約の締結日が基準となる。

譲渡禁止特約付債権の譲渡契約	新民法施行前	新民法施行後
債権者＝A（譲渡人）債務者＝B 譲受人＝C 譲受人＝D	譲渡A➡C（善意無重過失）…CはDに優先	譲渡A➡D（悪意重過失）…CはDに劣後
	譲渡A➡C（悪意重過失）…譲渡は無効	譲渡A➡D（悪意重過失）…譲渡は有効

ＣＤが悪意重過失では、遅い者が勝つ

● 【経過措置】債権譲渡について新旧民法の適用を分ける基準時は、上図のように譲渡契約締結時となるので、注意が必要です。

●つまり、債権譲渡の原因である法律行為をした時点が基準時となります。債権譲渡行為が新民法施行日前にされた場合には、旧民法が適用されます。その結果、債権譲渡の有効性について、譲渡の時点によって、上図のCに対する債権譲渡には旧民法が、Dに対する債権譲渡には新民法が適用されることになります。そして、Cに対する債権譲渡は無効になるので、Dに対する債権譲渡だけが効力を有し、Dに対して弁済をすれば債務者は免責され、あるいは債務者は供託をすることもできます。

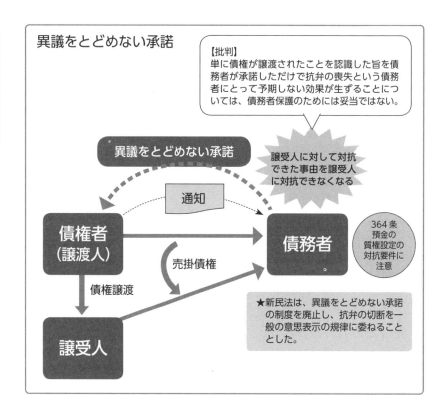

●異議をとどめない承諾とは、上図のように債務者が異議をとどめないで債権の譲渡の承諾をしたときは、債務者は、譲渡人に対して対抗（抗弁。権利を主張）できた事由があっても、これをもって譲受人に対抗できないという制度です。

●旧民法では、債権譲渡の対抗要件として、異議をとどめない承諾は、安価で、迅速な方法として、多く使われています。

●新民法では、単に債権が譲渡されたことを認識した旨を債務者が承諾しただけで抗弁の喪失という債務者にとって予期しない効果が生ずることについては、債務者保護のためには妥当ではないとして廃止されました。

●しかし、次頁の文例のように抗弁放棄の承諾により、抗弁の切断をすることも可能とされています。

●ただし、抗弁切断を包括的に同意しては、旧民法と変わらず、無効になるおそれがあるといわれているので、一定事項の例示をしながら、最後にバスケット条項を設けることが考えられます。

●新民法では、債権譲渡の第三債務者による相殺可能範囲が拡大しています(債務者対抗要件具備時よりも前の原因に基づいて生じた債権・譲受人の取得した債権の発生原因である契約に基づいて生じた債権との相殺が可能になります)。そこで、金融機関が債権譲渡により譲り受けた債権や、担保設定していた債権は、相殺により減少するケースもあり得ます。しかし、新民法下では異議をとどめない承諾に代わる、抗弁放棄の承諾を受けることが可能です。その承諾の内容を確認しておきましょう（抗弁放棄の文例としては、「債務者は、相殺の抗弁、同時履行の抗弁、無効・取消し・解除の抗弁、弁済の抗弁、消滅時効の抗弁、その他一切の抗弁を主張せず、譲渡された債権全額を弁済期に支払います」などとすることが考えられます）。

◆皆さんの金融機関や信用保証協会のABL保証（流動資産担保融資保証）の抗弁放棄の承諾の書式を確認しておきましょう。

もう少し知りたい ➡ 171頁（3）

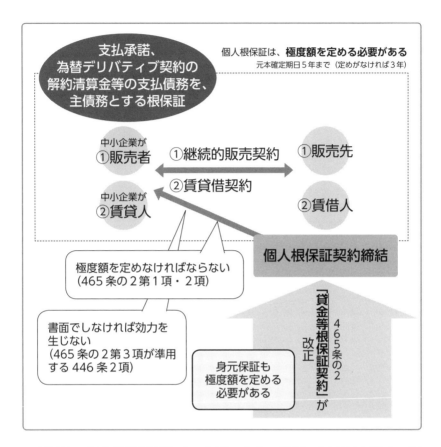

●新民法の個人根保証契約は、上図のように保証の極度額を設ける旧民法の貸金等根保証の範囲を個人根保証一般に拡大する改正です。

●個人根保証契約には、貸金等根保証の、貸金に該当しないとされていた支払承諾やデリバティブの個人根保証も対象になります。

●個人根保証契約について、平成16年の保証制度改正時に、デリバティブや支払承諾についても、極度額を設けている金融機関があると聞いています。一方、支店長専決で元本極度額としている例もあるようなので、念のため確認をしておきましょう。

◆皆さんの金融機関の個人根保証契約を確認しておきましょう。

もう少し知りたい ➡ 184頁（3）

保証の契約
「経営者等」の範囲
(保証意思宣明公正証書の作成不要)

個人事業主の
債務者

事業貸出

経営者等以外が
個人保証

アパートローンも
該当

公正証書の
作成が必要

●保証とは、主債務者が債務の支払いをしない場合に、債務者に代わって支払いをすべき義務をいいます。

●新民法では、「事業のために負担した貸金等債務」(事業用融資)の第三者保証は、経営者を除き【後掲54頁の図参照】、公証人があらかじめ保証人本人から直接保証意思を確認しなければ、効力を生じないとする改正がされました。この対象となる保証の範囲には、通常保証・根保証・求償保証(通常保証・根保証)があります。

●「事業のために負担した貸金等債務」の、「事業」とは、一定の目的をもってされる同種の行為の反復継続の遂行をいいます。

●「事業のために負担した貸金等債務」とは、借主が借り入れた金銭等を自らの事業に用いるために負担した貸金等債務です。

●なお、事業融資に該当するか否かは、借主が貸金等債務を負担した時点を基準時として、金融機関と借主の間で基礎とされた事情に基づいて客観的に定まります。そこで、借主が事業資金であると説明して借入れを申し込み、金融機関がその申込資金使途を認識して融資をした場合には、事業融資に該当します。一方、借主が事業以外の資金使途であると説明して融資を申し込み、金融機関も事業融資ではないとして融資をした場合には、借主が実際には事業に用いることを意図し

ていたとしても事業融資とはならないと一般的には考えられます。

●保証の改正のキーワードは、前頁の図のように事業融資、取締役や配偶者等の公正証書作成を必要としない経営者の範囲、公正証書の作成手順と、情報提供義務があるので内容を確認しておきましょう。

●「事業融資」で、経営者等以外の第三者【後掲54頁の図参照】が、保証人になる場合には、公証人があらかじめ保証人本人から直接その保証意思を確認して保証意思宣明公正証書を作成することが必要になります。

●最近の担保設定契約書は、担保提供者が連帯保証人を兼ねない書式となっていることが多いと思います。こうした物上保証では、公正証書の作成は必要になりません。

●新民法の保証の条文は強行規定なので、これを守らないと保証契約が無効になったり、取り消されるおそれがあるので、しっかり確認しておきましょう。

●【経過措置】保証について新旧民法の適用を分ける基準時は、保証契約締結時です。そこで、新民法施行日前に締結された保証契約についての保証債務には旧民法が適用されます。

もう少し知りたい ➡ 197頁〜

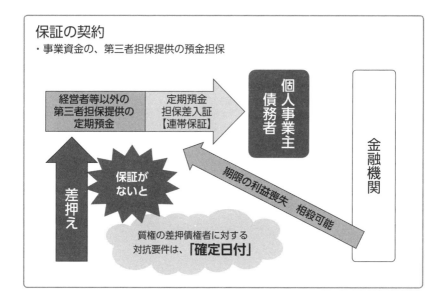

●事業融資の注意点として、経営者以外【後掲54頁の図参照】の第三者提供の定期預金担保融資について、上の図で考えてみましょう。

●皆さんの金融機関の預金担保融資の差入証の担保提供者は連帯保証人を兼ねるとなっているのではないでしょうか。

●その理由としては、担保差入証の約定により、金融機関は連帯保証人の担保預金が差し押さえられた場合には、期限の利益当然喪失事由に該当することになり、質権実行によらなくても、相殺して回収することができるので、質権の対抗要件である確定日付を取っていないのです。

●しかし、もし、連帯保証を付けないとすると、質権の対抗要件の確定日付をとるなど、従来と異なる事務手順を考えることになります。あるいは、第三者担保提供の事業資金の預金担保は受け付けないなどの対応方法も考えられます。

◆皆さんの金融機関の、事業融資の預金担保融資について、対応方法を確認しておきましょう。
もう少し知りたい ➡ 201頁（2）

併用住宅ローンと事業性融資

- ・個人の居住用不動産を購入または新築するために負担した貸金等債務は、「事業のために負担した貸金等債務」に該当しないとされている。

- ・その居住用不動産が店舗・事務所・賃貸部分の併用となっている場合は、事業融資に該当しないか？

- ・この場合、居住部分が延床面積の１／２以上ある場合は、事業融資に該当しないか？

●新民法で、保証意思宣明公正証書の作成が必要になる、「事業のために負担した貸金等債務」の、「事業」とは、前掲のように一定の目的をもってされる同種の行為の反復継続の遂行をいいます。

●そして、上図のような事業融資には、設備資金や運転資金のほか、アパートローンも事業融資に該当し、その融資の一部でも事業目的のものがあれば、該当することとなります。

●そのほか、資金使途自由のローンや、居住面積が２分の１以上の店舗や事務所併用住宅ローンについても、事業融資に該当することになります。そうすると、推定相続人等の保証人が、54頁の公正証書作成適用除外の経営者等に該当しない場合には、公正証書の作成が必要になるので、案件審査の際には注意が必要です。

もう少し知りたい ➡ 200頁〜

アパートローンの保証人

・アパートローンで推定相続人を保証人に徴求する場合
の対応として、第三者保証人として保証意思宣明公正
証書を作成して対応予定。

・上記の案件を併存的債務引受による連帯債務として徴
求することの注意点はあるか。

●アパートローンについて、上図のように推定相続人を併存的債務引
受による引受人（債務者と引受人の関係は連帯債務になります）とし
て、保証人としない対応は可能でしょうか。

●その債務の引受が相当の対価を伴う場合や、引受人が自己の債務と
して弁済する意思がなく、保証意思宣明公正証書の作成を回避するこ
とのみを目的として併存的債務引受を行う場合は、事後的にその法的
性質が争われたときに、保証であったと判断されることにより、保証
の規定が適用されるリスクがあります（保証意思宣明公正証書が作成
されていないので保証は無効とされるおそれがあると考えられます）。

●そこで、このケースの場合に、保証人が公正証書作成適用除外の経
営者等に該当しない場合には、保証意思宣明公正証書の作成をするこ
とが安全と考えられます。

◆皆さんの金融機関の、アパートローンの保証人や債務引受の取扱い
を確認しておきましょう。

もう少し知りたい ➡ 200頁

事業のために負担した貸金等債務を主債務とする保証契約で、公正証書の作成の適用除外は？

保証人と融資を受ける方（主債務者）との関係

主債務者（法人でない）と、
共同して事業を行う者、
主たる債務者が行う事業に
現に従事している債務者の
配偶者
465条の9第3号

主債務者が法人
である場合の
取締役
理事
執行役
465条の9第1号

主債務者が法人
である場合の
総株主の議決権の
過半数を有する個人
465条の9第2号イ

主債務者が法人
である場合の
総株主の議決権の過半
数を有する株式会社
の、総議決権の過半数
を有する個人
465条の9第2号ロ

主債務者が法人
である場合の
総株主の議決権の過半
数を有する株式会社と
株式会社の総株主の議
決権の過半数を有する
個人が持つ場合の、総
議決権の過半数を有す
るその個人
465条の9第2号ハ

左に
準ずる者
465条の9
第2号ニ

● 「経営者保証に関するガイ
ドライン」
3．ガイドラインの適用対象とな
り得る保証契約
（2）保証人が個人であり、主た
る債務者である中小企業の
経営者であること。
① 実質的な経営権を有してい
る者、営業許可名義人又は
経営者の配偶者（当該経営
者と共に当該事業に従事す
る配偶者に限る。）が保証人
となる場合
② 経営者の健康上の理由のた
め、事業承継予定者が保証
人となる場合

● 「中小・地域金融機関向け
の総合的な監督指針」
Ⅱ－11－2 主な着眼点

(1) 経営者以外の第三者の個人連
帯保証を求めないことを原則とす
る融資慣行の確立
1．実質的な経営権を有してい
る者、営業許可名義人又は
経営者本人の配偶者（当該
経営者本人と共に当該事業
に従事する配偶者に限る。）
が連帯保証人となる場合
2．経営者本人の健康上の理由
のため、事業承継予定者が
連帯保証人となる場合
3．財務内容その他の経営の状
況を総合的に判断して、通
常考えられる保証のリスク
許容額を超える保証依頼が
ある場合であって、当該
事業の協力者や支援者から
積極的に連帯保証の申し出
があった場合（ただし、協
力者等が自発的に連帯保証
の申し出を行ったことが客
観的に認められる場合に限
る。）

●新民法では、「事業のために負担した貸金等債務」（事業用融資）の第三者個人保証は、前頁の図のような公正証書作成適用除外となる経営者を除き、公証人があらかじめ保証人本人から直接保証意思を確認しなければ、効力を生じません。

●そこで、事業融資について、保証意思宣明公正証書を作成する必要がない個人保証人の範囲を確認しておきましょう。

●前頁の図のような保証人は、主債務者の事業の状況を把握することができる立場にあり、保証のリスクを十分に認識せずに保証契約を締結する可能性が低いと考えられることから、公正証書作成適用除外とされています。

●どのような保証人が公正証書の適用除外になるのかを検討するときに、「準ずる者」はどの範囲かが疑問になります。新民法465条の9第2号ニでは、公正証書作成適用除外となる者に、「株式会社以外の法人が主たる債務者である場合におけるイ、ロ又はハに掲げる者に準ずる者」があります。この規定では、「株式会社以外の法人」とされているので、法人格がない権利能力なき社団は含まれません。そして、法人である場合の「理事、取締役、執行役又はこれらに準ずる者」（465条の9第1号）の「準ずる」とは、法律上正式に、法律上の重要な業務執行を決定する機関やその構成員の地位にある者をいいます。

　そのほか、保証人から公正証書作成適用除外の地位にあることの表明保証を徴求する場合については58頁、206頁を参照ください。

●なお、新民法の保証意思宣明公正証書作成適用除外の経営者の範囲と、監督指針の第三者保証が可能な場合とは範囲が異なるので、整理して確認する必要があります（例えば、法人の債務者の経営者の配偶者であるだけでは、適用除外になりません）。

◆皆さんの金融機関の、保証意思宣明公正証書作成適用除外となる経営者の範囲を確認しておきましょう。

もう少し知りたい ➡ 198頁10、204頁

保証人の属性・債務者との関係

保証契約チェックリスト（案）

保証意思宣明公正証書の作成適用除外に該当するか

	確認資料	表明保証内容	確認欄
取締役等 465条の9第1号、2号	商業登記簿謄本、取締役に選任された株主総会議事録、株主名簿等	法律上の業務執行を決定する機関・構成員である取締役等や議決権の過半数を有する株主であること	
主たる債務者が行う事業（法人でない）と共同して事業を行う者 465条の9第3号	組合契約、共同業者間で締結された業務遂行権限に関する合意書の写し等	例えば共同して事業を遂行するための事業に出資するとともに事業の遂行の一部を担っているなどの共同事業者であること	
主たる債務者が行う事業（法人でない）に現に従事している債務者の配偶者 465条の9第3号	戸籍謄本、住民票 現に事業に従事していることの客観的資料	法律上の配偶者であり、一時的でなく、実際に事業に従事していること	

●事業融資について、保証意思宣明公正証書を作成する必要がない個人保証人の範囲と並んで、上図のようにその確認方法や確認資料を知っておきましょう。

●事業融資について、保証意思宣明公正証書を作成する必要がない「配偶者」は、法律婚に限ります。そして法律婚であることの確認方法としては、戸籍謄本の他に住民票があります。

●「共同して事業を行う者」については、組合契約のように業務執行
や損益配分が明確になっていることが必要だといわれています。その
具体例としては、複数の税理士や弁護士などが、共同で事務所を経営
する場合があります。

●過半数の議決権を有する個人株主については、法人税申告書の別表
2に株主構成が記載されていますが、実態を確認する必要があります。
なお、株主名簿はあっても会社法による必要記載事項がなかったり、
株主総会や取締役会が開催されていない場合もあるので注意が必要で
す。

●公正証書作成適用除外となる経営者等に該当することを調査して、
左図の確認資料の提出を受けたうえで、次頁の表明保証を徴求するこ
とが有効と考えられます。

◆皆さんの金融機関の、保証意思宣明公正証書作成適用除外となる経
営者の範囲と、確認方法・資料をチェックしておきましょう。

もう少し知りたい ➡ 198頁10 ～

保証人が経営者等であることの表明保証文案

● 「配偶者」
私は、借主（個人事業主）の法律上の配偶者であり、借主の事業に実際に従事していることを表明します。この表明に誤りがある場合には、私は金融機関に生じる損害を賠償するものとします。

● 「共同して事業を行う者」
私は、借主（個人事業主）と共同して事業を営む者であることを確認書類を提出したうえで表明します。この表明に誤りがある場合には、私は金融機関に生じる損害を賠償するものとします。

●法人である主債務者の取締役
私は主債務者の取締役であることを、確認書類を提出したうえで表明します。この表明に誤りがある場合には、私は金融機関に生じる損害を賠償するものとします。

●前頁のように、保証意思宣明公正証書作成の適用除外となる経営者等に該当することは、調査や確認資料で確認するほか、上図のような表明保証を徴求することも考えられます。

●ただし、保証人が公正証書作成適用除外に該当することを全く確認せず表明保証を徴求した場合には、金融機関に重過失があるとされる可能性があるので、注意が必要です、

●なお、保証人が金融機関（債権者）に対して自ら公正証書作成適用除外に該当することを表明保証したにもかかわらず、それが事実に反して保証契約が無効である場合は、損害賠償の特約が有効になりうる場合があると考えられます。

◆皆さんの金融機関の、表明保証の徴求の注意点を確認しておきましょう。

もう少し知りたい ➡ 198頁10〜、206頁（4）

取締役退任と公正証書

● **保証意思宣明公正証書適用除外の法人の取締役が退任した場合で、金融機関が退任したことを知らなかった。**
退任取締役を引き続き保証人とするためには、保証契約締結に先立つ前1か月以内に公正証書を作成して、保証契約を締結する必要があるか？

● **保証の特別解約権や、経営者保証ガイドラインとの関係は？**

● 保証意思宣明公正証書作成の適用除外の経営者等が、上図のように退任などによりその地位を失った場合の、保証契約の効力について確認してみましょう。

● 経営者等が退任等をした場合にも保証契約は有効に成立しているので、保証債務に影響はなく、公正証書の再作成は必要がないと考えられます。

● なお、保証人が保証契約時には保証意思宣明公正証書作成適用除外の経営者等であったが、その後その地位を失った場合に保証契約の効力は失われるかについては、債権者は有効な保証の存在を前提として貸付の可否や条件を判断したと考えられること、貸金等根保証契約においては極度額や確定期日が定められており、保証人としてもその限度では負担がありうることを予測したうえで保証契約を締結していることなどから、保証契約の効力は失われないと考えられます。

● なお、同一債務について、前経営者と後継者の双方から経営者保証を徴求する保証の二重徴求は、「経営者保証に関するガイドライン」の特則により、原則として二重には保証を求めないこととされました。【188頁参照】

◆皆さんの金融機関の、「経営者保証に関するガイドライン」特則への対応方法を確認しておきましょう。

もう少し知りたい ➡ 61頁、187頁、188頁、198頁10〜

配偶者離婚と公正証書

●配偶者が離婚した場合、保証の効力はどうなるのか？
　公正証書の作成は？

●保証の特別解約権や、経営者保証ガイドラインとの関係は？

●前頁と同様に、上図のように配偶者が離婚した場合も、保証の効力が問題になります。

●離婚の前に負った主債務が保証の対象になり、保証契約は有効に成立しているので、保証債務に影響はなく、公正証書の再作成は必要がないと考えられます。

●しかし、離婚については、根保証のような場合は、事情が変わったということで特別解約権的な解釈ということで、離婚後発生する債務については負わないという考え方は解釈論としてありうるといわれているので注意が必要です（第192回国会　小川政府参考人・衆議院法務委員会第11号、平成28年11月25日）。

もう少し知りたい ➡ 198頁10〜

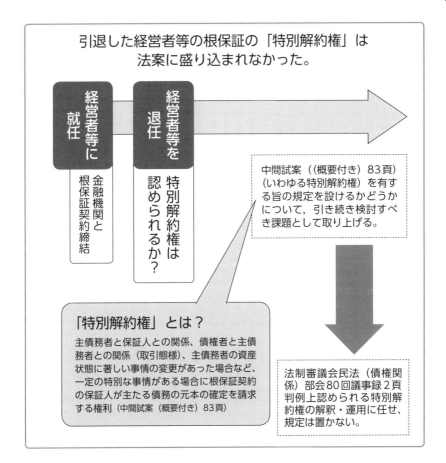

引退した経営者等の根保証の「特別解約権」は
法案に盛り込まれなかった。

経営者等に就任

金融機関と根保証契約締結

経営者等を退任

特別解約権は認められるか？

中間試案（（概要付き）83頁）
（いわゆる特別解約権）を有する旨の規定を設けるかどうかについて，引き続き検討すべき課題として取り上げる。

「特別解約権」とは？

主債務者と保証人との関係、債権者と主債務者との関係（取引態様）、主債務者の資産状態に著しい事情の変更があった場合など、一定の特別な事情がある場合に根保証契約の保証人が主たる債務の元本の確定を請求する権利（中間試案（概要付き）83頁）

法制審議会民法（債権関係）部会80回議事録2頁
判例上認められる特別解約権の解釈・運用に任せ、規定は置かない。

●退任した経営者等の保証の特別解約権は判例上認められており、前回（平成16年）の民法の保証制度改正の積み残しとなっていましたが、上図のように今回も改正とならず、解釈や経営者保証に関するガイドライン（2013年制定）により対応することになりました。さらに、2019年12月24日、事業承継に焦点を当てた**「経営者保証に関するガイドライン」の特則**を公表しています。

◆皆さんの金融機関の、事業承継に焦点を当てた「経営者保証に関するガイドライン」の特則への対応方法を確認しておきましょう。

もう少し知りたい ➡ 187頁、188頁

保証人死亡と公正証書
保証人が死亡した場合、保証意思宣明公正証書を再作成する必要はあるか？

- ・特定保証の場合

- ・根保証の場合
（個人根保証契約は、保証人の死亡により確定
465条の2第3項（貸金等根保証の旧民法と変更なし））

- ●途上管理では、保証人が死亡する場合があります。

- ●保証意思宣明公正証書を作成した第三者保証人が死亡した場合には、債務は相続人に包括的に承継されるので、公正証書の再作成は不要と考えられます。

- ●なお、特定債務の保証人が死亡した場合に、相続人が一人の時はその相続人が保証債務を承継します。共同相続のときは判例により法定相続分に応じて当然分割承継がされ、各共同相続人が分割債務を負うことになります。

- ●根保証人が死亡したときは、個人根保証契約の元本は確定し、保証人死亡時の保証債務を相続人が承継し、特定債務の保証と同様に取り扱われます。

もう少し知りたい ➡ 198頁10～

保証意思宣明公正証書とは何か

経過措置　附則21条

4月2日に保証契約を締結する場合
1か月前の応答日である、
3月2日以降に公正証書を作成していれば、1か月以内という要件を満たす

保証契約に「先立ち」公正証書で保証人が保証意思を表示する必要がある
……保証意思がない保証意思宣明公正証書が形式上あっても、保証契約は無効

「先立ち」
保証人が、保証契約締結に先立ち1か月以内に公正証書により、保証債務を履行する意思を表示することが必要（465条の6）

先立つのであれば保証契約締結日の「当日」も可能

1か月以内

◆代理嘱託はできない
◆公正証書作成は管轄の定めはなく、いずれの公証役場でも嘱託可能
◆公証役場以外での口授も可能
◆保証意思宣明公正証書は、債務名義となることはない
◆執行認諾文言を付すことはできない

保証契約締結日

●公証人が、保証人の保証意思を確認する際には、主債務者の財産状況等についての、情報提供の有無、提供された情報の内容を確認し、保証人予定者がその情報も踏まえて保証人になろうとしているかどうかを見極める。
●公証人が、主債務者の情報提供等の内容について確認した事項は記録に残す（書面は附属書類として連綴、口頭は録取した書面を作成し附属書類として連綴する）。

保証意思宣明公正証書と、保証契約の締結は、別途行われる必要がある

公証役場
全国に約300か所、
公証人約500人

●事業融資の個人保証人が、保証意思宣明公正証書作成の適用除外に該当しない場合には、上図のように保証意思宣明公正証書の作成が必要になります。

●都市部以外では公証役場のアクセスが悪いとの声をよく聞きます。公正証書の作成は、全国300か所の公証役場のどこでも可能です。

●公正証書遺言などでは、金融機関の職員が立会人になることがありますが、保証意思宣明公正証書は債権者等は立会いができません。

●保証人予定者は、公証人に対して、保証意思を宣明するため、主債務の内容など法定された事項を口頭で述べる必要があります。

●公証人は、面談によって保証予定者が保証契約のリスクを十分に理解しているか否かを確認します。保証人が確認する保証契約のリスクについては、「連帯」の意味だけでなく、強制執行の手続きがあることなどを説明し、誤解がないかどうかを確認します。また、公証人は、保証を依頼された経緯や、主債務者が保証予定者に情報提供をした主債務者の財産状況等の情報も確認して、保証人予定者がその情報も踏まえて保証人になろうとしているかを確認することになります。

●そこで、金融機関は、保証人予定者に対して保証意思宣明公正証書の作成の手順の案内や口授内容についてサポートすることが考えられます。また、債務者の保証人予定者に対する情報提供義務についても、債務者をサポートすることが考えられます。

●そのほか、事前に公証人と金融機関が面談することが可能な場合もあります。嘱託する公証人に相談しましょう。【80頁参照】

◆皆さんの金融機関の、第三者保証に対する取組方針を確認し、公正証書の作成の際の確認事項やサポート方法などについてチェックしておきましょう。

もう少し知りたい ➡ 208頁11〜

保証意思宣明公正証書

作成手数料は1万1千円

概要
イメージ

保証意思宣明公正証書を作成しないと、保証契約が無効になる場合	保証意思宣明公正証書を作成しなくても保証契約が無効にならない場合

どちらも作成できる

保証予定者の、**保証意思の確認**
- ●公証人は、保証予定者が真に保証のリスクを十分に理解したうえで、その保証契約を締結し、保証債務を履行する意思があることを確認する
- ●第三者(債権者側／債務者側)の立会いは不可

保証予定者が口授すべき内容を、代理人が口授することはできない
(未成年者、制限行為能力者も同様)

特定債務保証契約	根保証契約	求償保証
●債権者・債務者の確認 ●貸金等の元本額 ●利息・違約金・損害賠償の定め ●主債務者からの情報提供 ●保証債務を履行する意思	●債権者・債務者の確認 ●主たる債務の範囲 ●根保証契約の極度額 ●元本確定期日の定め ●主債務者からの情報提供 ●保証債務を履行する意思	●貸金債務(貸主・借主契約の種別・貸金の元本額・利息の有無・遅延損害金の有無・他) ●求償債務(求償元金・遅延損害金・賦払保証料・弁済費用) ●情報提供内容・保証債務履行意思

保証契約のリスクの理解を確認
- ●保証の法的意味と、保証債務を負うことによって直面することがありうる具体的な不利益を十分理解したうえで相当な考慮をして保証契約を締結しようといているかを確認
- ●債務者の財産状況等について把握しているかを確認

保証予定者が「債務者の財産状況等」の把握をしていることを口授
- ●書面で債務者が情報提供=附属書類として連綴
- ●口頭で債務者が情報提供=要領を書面録取し附属書類として連綴

法定以外の口授の事項 (附属書類に連綴)
保証人予定者が口授し、公証人が筆記するとされる事項は法定されている(465条の6第2項第1号、第2号)。①から④までの事項など、保証予定者が通常考慮すると考えられる事項が常に筆記の対象になるわけではない。

…紛争に備え必要があると公証人が認めた場合録取し連綴
①借入金の使途
②債務の弁済期・弁済方法
③保証契約締結予定日
④主債務者と保証予定者との関係等

口授の際の書面の利用
- ●保証人予定者のメモは補助的に用いる
- ●口授内容の細目につき補充的・補完的に用いる。
- ●契約内容の全部を引用することは許されない
- ●強制執行認諾文言を付すことはできない

[法務省通達(2019.6.24)「民法の一部を改正する法律の施行に伴う公証事務の取扱いについて」をもとに作成]

●保証意思宣明公正証書については、日本公証人連合会から、嘱託の書式などが公表されているので参考になります。

●また、手順や嘱託書の書式や各公証役場が独自の説明文をHPに掲載しているので、スムーズな公正証書作成のためには、嘱託することがありそうな公証役場と必要に応じてあらかじめ情報交換をしておくことが考えられます。

●保証意思宣明公正証書の作成についての詳細については、法務省の通達が出されています。その通達に基づいて、作成手順についてイメージの参考として作成したのが前頁の図です。

●図を上から見ていくと、保証意思宣明公正証書の作成をすることができるのは、公正証書作成の適用除外となる経営者に限らないとされています。

●そして、債権者側、債務者側の立会いはできないとされています。その理由は、第三者が立ち会うと保証人予定者が不当な干渉を受けるおそれがあることによります。

●注意点として保証人予定者が口授すべき内容を代理人が口授することはできないとされています。

●公証人の確認事項としては、保証の法的効果のほか、債務者の財産状況等について把握しているかを確認します。

●そのほか、書面は、口授内容の細目につき補充的・補完的に用いて、契約内容の全部を引用することは許されないとされています。

●そのほか、保証人予定者が、債務者から財産状況等の情報提供を受けて、それを把握していることを口授することになります。

◆皆さんの金融機関の保証人予定者が嘱託することが考えられる公証役場の保証意思宣明公正証書の作成手順を確認しておきましょう。

もう少し知りたい ➡ 208頁11〜

保証契約締結に先立つ1か月以内とは

保証契約締結日	前1か月の、起算日	前1か月の、期間開始日
月の終わりから1か月を起算しないときは、その期間を遡る計算は、その起算日に応答する日の翌日から開始（140条本文） （1か月遡っての期間の計算の際は、その締結の日は算入しない（初日不算入の原則（140条本文））		
4月2日	4月1日	3月2日 （休日であっても同様）
月の終わりから1か月を起算しないときは、その期間を遡る計算は、その起算日に応答する日の翌日から開始（143条2項） （起算日に応答する日がない場合は、その期間を遡る計算は、起算日が属する月の初日から開始）		
3月31日	3月30日	3月1日 （休日であっても同様）
月の終わりから1か月を起算するときは、その期間はその月の初めから開始（143条1項）		
4月1日	3月31日	3月1日 （休日であっても同様）

●保証意思宣明公正証書は、上図のように保証契約締結日に先立つ1か月以内に作成する必要があります。

●4月2日が保証契約締結日であれば、3月2日以降に作成する必要があります。

●そのほか、保証契約締結日が月末の場合の計算方法は、上記のように考えられています。

◆皆さんの金融機関の、1か月以内の計算方法について、確認しておきましょう。

もう少し知りたい ➡ 208頁11〜、210頁（2）

日本公証人連合会 （出典 http://www.koshonin.gr.jp/business/b03_2 をもとに編集）

保証意思宣言公正証書

Q 1. 民法の改正により、事業用融資の保証について、公証人が保証人になろうとする者の意思を確認する手続が新設されたそうですが、どのようなものですか。

これまで、保証人になろうとする者が、保証人になることの意味やそのリスク、具体的な主債務の内容等について十分に理解しないまま、情義に基づいて安易に保証契約を締結してしまい、その結果として生活の破綻に追い込まれるというようなことがあると指摘されてきました。

そこで、今回の民法改正により、事業用融資の保証契約については、その締結日の前1か月以内に、公証人があらかじめ保証人になろうとする者から直接その保証意思を確認して公正証書（保証意思宣明公正証書）を作成しなければ、効力を生じないとする規定が新設されたものです。

Q 2. 保証意思宣明公正証書に関する新しい民法の規定はいつから適用されるのですか。

令和2年4月1日以降に締結される事業用融資の保証契約については新しい民法の規定が適用されますので、あらかじめ保証意思宣明公正証書を作成することが必要となります。保証意思宣明公正証書は、同年3月1日から作成することができます。

Q 3. 保証意思宣明公正証書を作成することが必要となるのは、どのような場合ですか。

保証意思宣明公正証書を作成することが必要となる典型的な事例は、事業のために負担した貸金等債務（金銭の貸渡し又は手形の割引を受けることによって負担する債務）を主たる債務とする保証契約を締結する場合です。その他、主たる債務の範囲に事業のために負担する貸金等債務が含まれる根保証契約を締結する場合や、上記各契約の保証人の主たる債務者に対する求償権に係る債務を主たる債務とする保証契約の場合にも、保証意思宣明公正証書の作成が必要となります。

なお、上記の保証契約を締結する場合であっても、会社等の法人が保証人になろうとする場合には、保証意思宣明公正証書を作成する必要はありません。また、保証人になろうとする者が、

①主たる債務者が法人である場合のその法人の理事・取締役等又は総株主の議決権の過半数を有する者であるとき、

②主たる債務者が個人である場合の共同事業者又は主たる債務者が行う事業に現に従事しているその配偶者が保証人になろうとする者であるときにも、保証意思宣明公正証書を作成する必要はありませんので、ご注意ください。

Q 4. 公証人が保証意思宣明公正証書を作成する具体的な手続は、どのようなものですか。

(1) 保証人になろうとする者は、公証人に対し、

保証意思宣明公正証書の作成を嘱託し、保証契約締結日の前1か月以内の日を作成日と決め、事前に保証契約に関する資料を送付するなどした上、作成日時に公証役場に赴くことになります。必ず保証人になろうとする者本人が出頭しなければならず、代理人による嘱託はできませんので、ご注意ください。

(2) 保証人になろうとする者は、公証人に対し、主たる債務の内容など法定された事項（民法465条の6第2項1号）を述べる（口授する）ことによって、保証意思を宣明します。

(3) 公証人は、保証人になろうとする者が、主たる債務の具体的な内容を理解しているか、また、保証契約を締結した場合、主たる債務が履行されなければ自らが保証債務を履行しなければならなくなることなどを理解しているかどうかを確認するなどして、保証意思を確認します（Q5参照）。保証意思を確認できない場合、公証人は、嘱託を拒否することになります。

(4) 公証人は、保証意思のあることが確認され、その他に嘱託を拒否すべき事由がない場合には、保証人になろうとする者が述べた内容を筆記します（事前に嘱託人から提出された資料に基づいて用意していた証書案を利用することもあります。）。公証人は、保証人になろうとする者に筆記した内容を読み聞かせ、又は閲覧させて、保証意思宣明公正証書の内容を確認させます。

(5) 最後に、保証人になろうとする者が、当該証書の内容が正確なことを承認して署名押印し、公証人が当該証書に署名押印するという手順で作成します。保証人になろうとする者に対しては、その請求により、公証人が原本に基づいて作成し、その旨の証明文言を付した保証意思宣明公正証書の写しである正本又は謄本が交付されます。

Q5. 公証人が保証人になろうとする者に確認する保証意思の内容は、どのようなものですか。

(1) 公証人は、保証人になろうとする者が、保証しようとしている主たる債務の具体的内容を認識していることや、保証契約を締結すれば保証債務を負担することになり、主たる債務が履行されなければ自らが保証債務を履行しなければならなくなることを理解していることなどを確認し、保証人になろうとする者が保証契約のリスクを十分に理解した上で、保証契約を締結しようとしているか否かを見極める必要があります。

(2) そのため、通常の保証契約（根保証契約でない保証契約）の場合は、公証人は、民法第465条の6第2項1号に規定される

　　①主たる債務の債権者と債務者、

　　②主たる債務の元本と従たるもの（利息、違約金、損害賠償など）についての定めの有無及びその内容、

　　③主たる債務者がその債務を履行しないときにはその債務の全額について履行する意思を有していることを、保証人になろうとする者に口授させ、保証人になろうとする者が、①と②の事項を十分に理解し、その上で③の意思を有していることを確認します。

　　また、根保証契約の場合は、公証人は、上記①のほかに、②主たる債務の範囲、極度額、元本確定期日の定めの有無及びその内容、③主たる債務者がその債務を履行しないときには極度額の限度において元本確定までに生じる主たる債務の元本及び従たる債務の全額について履行する意思を有していることを、保証人になろうとする者に口授させ、保証人になろうとする者が、①と②の事項を十分に理解し、その上で③の意思を有していることを確認します。

　　さらに、公証人は、保証人になろうとする者が、保証債務を履行できなかった場合の様々な不利益（保証債務を履行しなかった場合には、住宅用不動産や給与が差し押さえられることがあること等）を具体的に理解していることについても確認します。

　　なお、連帯保証契約の場合には、債権者が主たる債務者に対して催告したかどうか等にかかわらず、その全額について履行する意思を有していることについても確認します。

(3) 以上に加え、公証人は、保証人になろうとする者が、主たる債務者からその財産及び収支の状況等に関する情報提供を受けているかどうかも確認します（Q7参照）。

Q6. 保証人になろうとする者は、公証人に述べなければならない事項を記載した書面を提出することを求められますか。

保証人になろうとする者は、保証意思宣明公正証書の作成前に、主たる債務に関する金銭消費貸借契約書や保証契約書等、公証人から指示された資料を提出する必要がありますが（Q4参照）、その一つとして、保証意思宣明書を提出していただくことになります。

保証意思宣明書は、保証人になろうとする者が公証人に対して述べなければならない事項（Q5参照）をまとめて一覧的に記載するもので、保証人になろうとする者がこれを作成することにより、公証人から確認を受ける事柄をあらかじめ整理し理解しておくことができます。また、公証人にとっても、保証人になろうとする者が内容を理解しているかどうかを明確にするための資料となります。

ただし、保証人になろうとする者は、公証役場で、公証人に対し、必要な事項をあくまでも口頭で述べなければならないので（Q5参照）保証意思宣明書を提出しても公証人に対して口頭で述べる手続が省略されることはありません。この点ご留意ください。

なお、保証意思宣明書の書式（フォーム）を本ホームページに掲載しておりますので、ご活用ください。

Q7. 事業のために負担する債務について個人に保証を委託する場合には、主たる債務者が保証人になろうとする者に対して財産状況等の情報を提供する義務を負うことになったそうですが、どのようなものですか。

今回の民法改正では、主たる債務者に対し、保証契約締結時における主たる債務者の財産状況等の情報を保証人になろうとする者に提供する義務を課し、保証人となろうとする者が、その主たる債務を保証することのリスクを把握させた上で、保証人になるかどうかを慎重かつ適切に決定させることにしました。

具体的には、主たる債務者は、保証人になろうとする者に対し、

　　①財産及び収支の状況、

　　②主たる債務以外の債務の有無、その額と履行状況、

　　③不動産等、主たる債務の担保としてほかに提供するものがあるときはその旨及びその内容に関する情報を提供することが必要になりました。

そして、主たる債務者がこの情報を正しく提供しなかったために保証人になろうとする者が事実を誤認し、債権者もそれを知り、又は知ることができたときは、保証人は保証契約を取り消すことができ

ることになりました。

Q8. 保証意思宣明公正証書の作成手数料はいくらですか。

保証意思宣明公正証書の作成手数料は、保証債務の金額には関係なく、保証契約ごとに，原則として1件1万1000円となります。したがって、2つの保証契約について保証意思宣明公正証書を作成する場合には、手数料は2万2000円となります。

●保証意思宣明公正証書については、日本公証人連合会の前頁図のサイトに、説明があり、許可を得て掲載しています。

●Q1は、保証意思宣明公正証書について説明されています。

●Q2は、保証意思宣明公正証書の規定の適用開始日が説明されています。

●Q3は、保証意思宣明公正証書が必要になる場合について説明されています。

●Q4は、保証意思宣明公正証書作成の具体的な手続きが説明されています。

●Q5では、公証人の保証人予定者に対する意思確認の方法が説明されています。公証人の保証人予定者に対する意思確認の内容は、デフォルトの確率などではなく、債務保証の法的な問題（「連帯」の意味、強制執行の手続きがあることなど）を、保証人予定者の知識・経験に照らして相当な範囲で、誤解がないかどうかを確認すると考えられます。【182頁（2）参照】

●Q6では、保証意思宣明書について説明がされています。

●金融機関が保証意思宣明公正証書のマニュアルを作る場合や、保証人、債務者に手順を説明する場合には、日本公証人連合会や業界団体のマニュアル等を参考に準備することになります。

●Q7では、債務者が保証人予定者に対して、財産状況等の情報を提供する義務があることが説明されています。

●Q8では、作成手数料が説明されています。

もう少し知りたい ➡ 208頁11〜

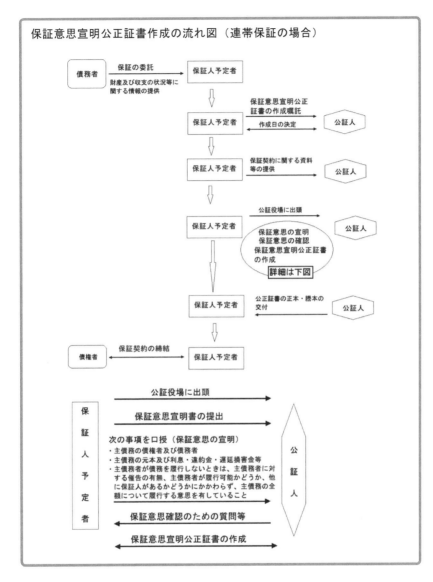

保証意思宣明公正証書作成の流れ図（連帯保証の場合）

●前記Q4について、保証意思宣明公正証書作成の具体的な手続きは上図のようになります。

●保証人予定者と公証人は、「保証意思宣明書」をもとに保証意思があることを述べ（口授）、公正証書が作成されます。

もう少し知りたい ➡ 208頁11 ～

（通常保証用）

保 証 意 思 宣 明 書

貴方が、これからしようとしている保証契約について、以下のことをお答え下さい。

1 当事者について

(1) 債権者の住所・氏名	住所
（法人の場合は法人名と代表者名）	フリガナ 氏名
(2) 主債務者の住所・氏名	住所
（法人の場合は法人名と代表者名）	フリガナ 氏名

2 保証債務の内容について

※ (2)、(3)、(4)、(5)については、有・無の□に✓を入れ、有の場合は、その内容を記載して下さい。

(1) 貸金等の元本額	円
(2) 利息の定め	□有・□無
(3) 違約金に関する定め	□有・□無
(4) 損害賠償（遅延損害金）に関する定め	□有・□無
(5) その他、保証すべきものの定め（上記の(1)ないし(4)以外で、保証の対象となっているもの、例えば、契約締結費用等があれば記載して下さい。）	□有・□無

3 主債務者からの情報の提供について

　主債務者は、保証人となることを依頼するときに、その依頼をする相手方に、①主債務者の財産及び収支の状況、②本件の主債務以外に負担している債務の有無並びにその額及び履行状況、③本件の主債務の担保として他に提供し、又は提供しようとするものがあるときは、その旨及びその内容に関する情報を提供しなければならないとされています。貴方は、主債務者から、このような情報の提供を受けたでしょうか。

　下記(1)又は(2)のいずれかの□に✓をして下さい。提供を受けた情報の内容その他補足することがあれば右の欄に記載して下さい。

□(1) 情報の提供を受けた。 □(2) 情報の提供を受けていない。	

4 保証債務を履行する意思について

　保証人は、債務者が債務を履行しないときは、自ら、保証した債務の全額を履行しなければなりません。また、連帯保証の場合には、債務者が債務を履行しないときは、債権者が債務者に催告したかどうか、債務者が履行できるかどうか、又は他に保証人があるかどうかにかかわらず、その債務の全額を履行しなければなりません。このことを理解した上で保証しますか。

　下記(1)又は(2)のいずれかの□に✓をして下さい。質問等があれば右の欄に記載して下さい。

□(1) 理解した上で、保証する。 □(2) 理解が不十分なので説明してほしい。	

5 その他の事項（任意：質問等があれば記載して下さい。）

　以上のとおり、相違ありません。

　　　　令和　　年　　月　　日

　　嘱託人　住　所

　　　　　　フリガナ
　　　　　　氏　名

　　　　　生年月日（大正・昭和・平成）　　年　　月　　日生

●前頁の図は、Ｑ６の、通常保証（特定債務保証）の「保証意思宣明書」です。

●保証意思宣明書は、保証人予定者が公証人に対して述べなければならない事項をまとめて一覧にしたものです。

●法定口授事項には、主たる債務の元本額、利息、違約金、遅延損害金のほか、主債務者がその債務を履行しないときは、その債務の全額について履行する意思を有していること、があります。

●保証人予定者が法定口授事項を全く口授できない場合には、保証意思がないと公証人に判断されるおそれがあると考えられます。

●しかし、口授事項のうち例えば、１の代表者氏名や生年月日、本店所在地や変動利息の約定の詳細までを暗記して口授する必要はなく、保証意思宣明書やメモを見ながら口授することもできると考えられますが、嘱託する公証人に事前に確認しておきましょう。

　なお、保証意思宣明書２（２）の「利息の定め」は、変動金利などの場合には、記載欄が小さいので、書ききれない場合には、別紙による補充が可能と考えられるので、嘱託する公証人に事前に確認しておきましょう。

●そのほか、主債務者から保証人に対して情報提供された内容があります。

●なお、主債務の弁済期や分割弁済方法などは、主債務の特定や保証意思を有することとの関係で、公証人との面接で質問を受けることがあります。しかし、それ自体は法定口授事項に含まれないので、弁済期や分割弁済方法などについて齟齬が生じたとしても、主債務の同一性が認められる限り、保証契約が無効となることはないと考えられます。

もう少し知りたい ➡ 208頁11 〜

（根保証用）

保 証 意 思 宣 明 書

　貴方が、これからしようとしている根保証契約について、以下のことをお答え下さい。

1 当事者について	
(1) 債権者の住所・氏名 　（法人の場合は法人名と代表者名）	住所 フリガナ 氏名
(2) 主債務者の住所・氏名 　（法人の場合は法人名と代表者名）	住所 フリガナ 氏名

2　根保証債務の内容について	
(1)　主たる債務の範囲	
(2)　根保証契約の極度額	円
(3)　元本確定期日の定めの有無	□有・□無（有の場合は、その内容を記載して下さい。）

3 主債務者からの情報の提供について

　主債務者は、根保証人となることを依頼するときに、その依頼をする相手方に、①主債務者の財産及び収支の状況、②本件の主債務以外に負担している債務の有無並びにその額及び履行状況、③本件の主債務の担保として他に提供し、又は提供しようとするものがあるときは、その旨及びその内容に関する情報を提供しなければならないとされています。貴方は、主債務者から、このような情報の提供を受けたでしょうか。
　下記(1)又は(2)のいずれかの□に✓をして下さい。提供を受けた情報の内容その他補足することがあれば右の欄に記載して下さい。

□(1) 情報の提供を受けた。 □(2) 情報の提供を受けていない。	

4 保証債務を履行する意思について

　保証人は、債務者が債務を履行しないときには、極度額の限度において、元本確定期日又は元本を確定すべき事由が生ずる時までに生ずべき、①主たる債務の元本、②主たる債務に関する利息、③違約金、④損害賠償（遅延損害金）、⑤その他主たる債務に従たる全てのもの（契約費用等）の全額について履行しなければなりません。債務者と連帯して保証債務を負担する場合には、債権者が債務者に催告したかどうか、債務者がその債務を履行することができるかどうか、又は他に保証人があるかどうかにかかわらず、その全額について履行しなければなりません。このことを理解した上で根保証契約を締結しようとしていますか。
　下記(1)又は(2)のいずれかの□に✓をして下さい。質問等があれば右の欄に記載して下さい。

□(1) 理解した上で、保証する。 □(2) 理解が不十分なので説明してほしい。	

5 その他の事項（任意：質問等があれば記載して下さい。）

　　以上のとおり、相違ありません。

　　　　令和　　年　　月　　日

　　嘱託人　　住　所

　　　　　　　フリガナ
　　　　　　　氏　名

　　　　　　　生年月日（大正・昭和・平成）　　年　　月　　日生

●前頁の図は、Q6の、根保証の保証意思宣明書です。保証意思宣明公正証書作成を根保証人予定者が公証人に嘱託するにあたり、根保証人予定者が公証人に対して述べなければならない事項をまとめて一覧にしたものです。

●根保証の法定口授事項は、通常保証と異なるので比較して確認しておきましょう。根保証の法定口授事項は、主たる債務の範囲、根保証契約の極度額、元本確定期日、主債務者がその債務を履行しないときは、極度額の限度において元本確定期日または元本確定事由が生ずる時までに生ずべき主債務の元本および従たる債務の全額について履行する意思を有していることです。

●そのほか、主債務者から保証人に対して情報提供された内容があります。

【使用上のお願い】

●68頁から74頁の図で引用した情報は、2020年7月20日現在の日本公証人連合会のホームページ（※）に掲載されているものです。

●上記情報は予告なく変更されることがあります。

●実際の取扱いにあたっては、同ホームページ（※）により最新の情報を確認してください。

※http://www.koshonin.gr.jp/

もう少し知りたい ➡ 208頁11〜

不利益変更と公正証書

融資取引の期間中に行う条件変更等において、
不利益変更とされる取引の類型についてどのような変更が不利益変更とされるのか？
保証意思宣明公正証書の作成が必要となるのか？

公正証書再作成

- 公正証書作成の際に口授の対象となっている事項
- 遅延損害金を高くする場合は？
  ⇒弁済期の変更、利息の減少など保証人にとって有利なもの
  基準金利の表示方法は、考えられる金利指標を書くことでよいか？
- 固定金利⇒変動金利への変更、変動金利⇒固定金利への変動
…保証人にとって有利か不利かは一概に言えない…
必要になる場合もある

・「期限の延長」はどうか？

債務者のデフォルトのリスクが高くなっているときの期限延長はどうか？
債務者の財産状況が悪化する場合がある
何をもって保証人にとって有利または不利と判断するか難しい場合もある
………個々の事案に応じて判断するのか？

新民法 448 条 2 項

主たる債務の目的又は態様が保証契約の締結後に加重されたときであっても、保証人の負担は加重されない。

法務省通達　第 4. 4（2）

法定以外の口授の事項（附属書類に連綴）

保証人予定者が口授し、公証人が筆記するとされる事項は法定されている（465 条の 6 第 2 項第 1 号、第 2 号）。①から④までの事項など、保証予定者が通常考慮すると考えられる事項が常に筆記の対象になるわけではない。

- 紛争に備え必要があると認めた場合
①借入金の使途
②債務の弁済期・弁済方法
③保証契約締結予定日
④主債務者と保証予定者との関係等

●保証意思宣明公正証書が作成された主債務または保証契約が上図のように不利益変更された場合に、公正証書を再作成する必要があるか、保証契約の変更のみでよいのかは慎重に判断する必要があります。

●基本的な考え方としては、保証意思宣明公正証書の法定口授事項を変更する場合には、保証契約の重要部分が変更されており、保証人の同意により新たな契約が締結されたとみることができるので、新民法が適用され保証意思宣明公正証書の再作成が必要と考えられます。一方、変更事項が保証意思宣明公正証書の法定口授事項でない場合には、基本的に保証契約の重要部分を変更するものではなく、保証の同一性が維持されていれば、保証意思宣明公正証書の再作成は不要と考えら

れます。

●そこで、通常保証と、根保証の法定口授事項を確認し、また、実際に作成された保証意思宣明公正証書に記載されている事項を確認しておく必要があります（法定口授事項はどのように記載されているか、法定口授事項以外に記載されている事項はあるかを確認しましょう）。

●なお、新民法施行日前に、事業融資を主債務とする個人（新民法の公正証書作成適用除外の経営者等に該当しない）の特定債務保証契約が締結されて、新民法施行日後に主債務の不利益変更がされた場合に、保証意思宣明公正証書を作成する必要があるか否かが疑問になります。その要否は、不利益変更が保証意思宣明公正証書を作成するための法定の口授事項に関するものである場合には、保証契約の重要な部分が変更されており、保証人の同意により新たな契約が締結されたとみることができるので、新たな保証契約について新民法が適用され公正証書の作成が必要になります。法定の口授事項でない事項の変更がされた場合には、基本的には保証契約の重要部分を変更するものではなく、施行日前に締結された保証契約の同一性が維持されていると評価でき、旧民法が適用され公正証書の作成は不要と考えられます。

◆皆さんの金融機関の保証意思宣明公正証書の（再）作成の取扱いを確認しておきましょう。

もう少し知りたい ➡ 212頁、215頁12

「昭和通り公証役場」では、下記の案内文を事前に保証予定者に送付し運用をされています。
（2020 年 8 月 6 日現在)) http://kousyouyakuba.net/

保証意思宣明公正証書とは

　民法（債権法）の改正により、令和 2 年 4 月 1 日以降、事業用融資について、個人が保証人として保証契約を締結するには、事前に保証意思宣明公正証書の作成が必要となりました。事業用融資に保証会社が保証をし、保証会社の主債務者に対する求償権について、個人が保証契約を締結する場合も同様です。

　保証意思宣明公正証書の作成手続を経ない保証契約は効力を生じません（民法465 条の 6 ①）。

　また、主債務者は、事業用融資の保証を委託するときは、保証人となる予定の者に対して主債務者の財産及び収支の状況等について情報を提供する義務を負います（民法 465 条の 10）。

＊保証人が法人の場合（民法 465 条の 6 ③）、保証人が融資を受ける会社の取締役、執行役の場合や過半数の株式を有する場合、さらに融資を受ける個人の共同経営者やこれに従事している配偶者の場合（民法 465 条の 9 ）などは対象外となりますので、保証意思宣明公正証書の作成は不要です。

保証意思宣明公正証書作成の流れ

1　保証人になることを依頼された方（保証予定者）は、予定された貸付契約の内容、保証契約の内容を予定した契約書面等により把握してください。そして、主債務者から主債務者の財産状況等以下の情報提供を受けてください。
　⑴　主債務者の財産及び収支の状況
　⑵　主たる債務以外に負担している債務の有無並びにその額及び履行状況
　⑶　主たる債務の担保として他に提供し、又は提供しようとするものがあるときは、その旨及びその内容
2　保証予定者は、貸付契約、保証契約の内容、提供された主債務者の財産状況の情報を検討し、保証人になることを決めたときは、当公証役場に電話、メール等により連絡をとり、保証意思宣明公正証書の作成手続をする日時を予約するとともに、後記の必要書類をメール、ＦＡＸ等で送付してください。

　保証意思宣明公正証書は、融資契約の日前 1 か月以内に作成する必要がありますので、契約予定日を確認の上、予約をお願いします。

　また、必要書類は、公正証書作成の 1 週間前には送付してください。

　公正証書の作成手続当日は、保証予定者に当役場にお越しいただき、公正証書の作成手続を行います。代理人によって行うことはできません。

事前にご準備いただく必要書類

保証意思宣明公正証書の作成に必要な書類は、次のとおりです。

〇保証意思宣明者の本人確認資料
　　印鑑登録証明書（証書作成日の前 3 か月以内に発行のもの）及び実印、若しくは、運転免許証、個人番号カード等の顔写真入りの公的機関発行の身分証明書のいずれか 1 つ及び認印（当日お持ちいただきます。）

〇保証意思宣明書
　　用紙は http://www.koshonin.gr.jp/business/b03_2 からダウンロードできます。

〇予定された貸付契約書、保証契約書（貸付契約書に保証条項がある場合は不要）
　　根保証の場合は、根保証契約書と被保証債務を示す契約書
〇主債務者から提供を受けた主債務者の財産状況等の情報の書面
　上記書類のコピーを事前にメール・ＦＡＸ等で送付してください。原本（オリジナル）は証書作成日当日お持ちください。

保証意思宣明公正証書の作成日当日の手続

　公証人は、公正証書作成日に、保証人予定者と面談し、保証人予定者が保証する債務の内容、保証契約の法的責任、リスクを理解して保証人となることを決断したかどうかを確認します。

　公正証書の作成手続には、手続の適正を確保するため、債権者、主たる債務者は同席することができません。

　保証予定者が公証人に口述すべき法定の事項（主債務の債権者、債務者、主債務の元本、主たる債務に関する利息、違約金、損害賠償その他その債務に従たる全てのものの定めの有無及びその内容）、主債務者が債務を履行しない場合は保証人がこれを履行する意思があることを口頭で聴取します。

　公証人は、聴取した内容を公正証書に作成し（事前に準備したものを利用することもあります。）、公正証書の内容を読み聞け又は閲覧の方法で確認し、署名押印をしていただきます。

　公正証書の原本は公証役場において保存します。

保証意思宣明公正証書の作成手数料等

　保証意思宣明公正証書の作成手数料は、保証債務の金額に関係なく、保証契約ごとに原則として1件金 11,000 円です。この他に、公正証書の正本、謄本として金3,000 円程度が必要です（証書の枚数によって変動します。）。手数料は、公正証書作成当日に現金でお支払いください。

以上

【使用上のお願い】上記の「案内文」情報は、「昭和通り公証役場」（※）から提供いただきました（2020 年 8 月 7 日現在）。上記情報は、予告なく変更される場合があります。実際の取扱いにあたって、嘱託する公証役場に最新の情報を確認してください。※（http://kousyouyakuba.net/）

保証人様（注・第三者保証）の公正証書作成準備
についてのお願い【イメージ】

・保証人予定者様は、当金融機関との保証契約締結に先
　立つ1か月前に、保証意思を確認する公正証書を、公
　証役場で作成していただく必要があります。
・保証契約締結日までのスケジュールをご確認いただく
　ようお願いします。
・保証人様は、この公正証書作成に先立って、債務者様
　から一定の事項の情報提供を受けていただくことにな
　ります。
・わからない点は、金融機関にお問い合わせください。

●上図は金融機関が、保証意思宣明公正証書の作成を必要とする、保
証人予定者に対して、保証意思宣明公正証書の準備について、案内す
る事項のメージです。

●保証契約に先立つ1か月以内に公正証書を作成する必要があり、ま
た、債務者から情報提供を受けることになるので、時間的にタイトに
なることが予想されます。そこで、債務者や、保証人や公証人のスケ
ジュールを確認し、金融機関も手順の案内をして、必要に応じてサポ
ートしていくことになります。

●主債務者や保証予定者に対して、金融機関が、保証意思宣明公正証
書の作成サポートを行う場合には、以下の注意点があると考えていま
す。

　まず、保証意思宣明公正証書は保証債務の内容を法定口授事項によ
って正確に作成される必要が当然あります。

　その正確さのためには、保証人予定者が公証人に嘱託するにあたっ
てまず作成する「保証意思宣明書」を正確に記入することが必要です。

　そして、「保証意思宣明書」を正確に記入するためには、以下のよう
な根拠資料（契約書・経営の財務情報等）を、保証人予定者にあらか
じめ提供することが有効と考えられます。

　情報提供内容としては、通常保証（特定債務保証）であれば、①債権者、債務者、②主債務の元本と従たる債務（利息・違約金・損害賠償等。変動金利であれば変動の仕組みや特約)、③主債務者が債務を履行しないときにはその債務の全額について履行する意思を有していることの説明、等が考えられます。また、根保証では、①③に加えて、極度額や元本確定期日があります。

●債権者である金融機関は、保証予定者が保証契約を締結するリスクを十分に理解したうえで保証債務を履行する意思を有していることを、公証人が直接確認するという保証意思宣明公正証書の制度の趣旨を十分理解する必要があります。

●そして、保証意思宣明公正証書の作成段階で、保証人予定者が主債務や根保証の内容を十分理解している状態にしておくことが大事です。

●そのため、金銭消費貸借契約書・保証契約の説明や情報提供を、公正証書作成の前に保証人予定者にしておく必要があります。

●そのほか、保証人予定者を考慮しないで、金融機関（債権者）と公証人の間だけで保証内容の打ち合わせをすることは、保証意思がないとして保証契約が無効になるおそれがあります。

●そこで、保証人予定者が正確に保証契約のリスクを理解するための金融機関によるサポートも有用です。また、公証人が保証人予定者の口授内容が正確であるかの裏付けを取るために、嘱託する公証役場や公証人と債権者である金融機関が、事前に「保証意思宣明書」の内容や根拠資料について情報共有する機会を持てるかをあらかじめ確認しておくことも、正確でスムースな保証意思宣明公正証書の作成に有効と考えられます。

◆皆さんの金融機関の、保証人予定者・債務者への案内方法について、確認をしておきましょう。

もう少し知りたい ➡ 208頁11〜

保証人への情報提供義務

債権者・主たる債務者の、
情報提供義務の整理

	債権者 ⇒保証人		債務者 ⇒保証人
	債権者の情報提供義務		主たる債務者の 情報提供義務
改正条文	458 条の 2	458 条の 3	465 条の 10
情報提供義務の内容	主たる債務の履行状況 保証人の請求があったときは、債権者は保証人に対し、遅滞なく、<u>主たる債務の元本および主たる債務に関する利息、違約金、損害賠償その他その債務に従たるすべてのものについての不履行の有無ならびにこれらの残額およびそのうち弁済期が到来しているものの額に関する情報を提供しなければ</u>ならない。	主たる債務者の期限の利益喪失 債権者は保証人に対し、その利益の喪失を知ったときから 2 か月以内に、その旨を通知しなければならない。	契約締結時の情報提供義務内容 1.<u>財産および収支の状況</u> 2.<u>主たる債務以外に負担している債務の有無ならびにその額および履行状況</u> 3.<u>主たる債務の担保として他に提供し、または提供しようとするものがあるときは、その旨およびその内容</u>
情報提供義務違反の効果	債務不履行の一般原則による（415 条）	期間内に通知をしなかったときは、債権者は、保証人に対し、主たる債務者が期限の利益を喪失したときから通知を現にするときまでに生じた遅延損害金に係る保証債務の履行を請求することができない。	主たる債務者が上欄 1 ～ 3 に掲げる事項に関して情報を提供せず、または事実と異なる情報を提供したために委託を受けた者がその事項について誤認をし、それによって保証契約の申込みまたはその承諾の意思表示をした場合において、主たる債務者がその事項に関して情報を提供せずまたは事実と異なる情報を提供したことを債権者が知りまたは知ることができたときは、保証人は、保証契約を取り消すことができる。
保証人属性	個人 **法人** 【法人も】	個人	個人
事業／**非事業**	事業／**非事業** 【事業／非事業とも】	事業／**非事業**	事業のために負担する債務を主たる債務とする保証、または、主たる債務の範囲に事業のために負担する債務が含まれる根保証
委託／非委託	<u>委託がある保証人</u> 【委託の有無を確認していますか？】	委託の有無にかかわらず	<u>委託がある保証人</u> 【委託の有無を確認していますか？】

（債務者⇒保証人の欄上部の吹き出し）
・貸金等根保証に限らない。
・事業のために負担する債務一般についての保証

●事業のために負担する債務は多額となることがあり、保証人が負担する債務が多額になるおそれがあるので、保証人が主債務者の財産や収支の状況を把握したうえで保証人となることが重要です。

　しかし、旧民法には、保証人がこうした情報を得る制度はありませんでした。また、債権者である金融機関が主債務者の信用情報を保証人に提供することは、守秘義務違反等になるおそれがありました。

●新民法では保証人に対する情報提供義務が新設されました。情報提供義務には、債務者の保証人に対する保証契約締結時の情報提供義務と、保証契約締結後の債権者（金融機関等）の保証人に対する情報提供義務があります。

●前頁の図は、債務者の契約締結時の情報提供義務と、金融機関の保証人に対する情報提供義務を、要件を記載して、整理したものです。

●情報提供義務を負う前提となる「委託」の有無や、事業性か、法人を含むかなどを一覧にしています。

●情報提供義務の有無を明確にするためには、「委託」を受けた保証人である保証の契約条項に、「委託」を受けたことの文言を追加することが考えられます。【225頁参照】

●旧民法下の考え方だと、債務者と保証人が連署しているのだから、当然、委託を受けているのだという考え方もあります。しかし、新民法では、保証契約時の情報提供義務や、保証人からの請求による債務の履行状況の情報提供では、「委託」があることが重要になります。担当者が変わり、金融機関の経営統合等があった場合などでは、記憶に頼っていては、委託の有無が確認できないことも考えられるので契約書にこの文言を加えることになります。

◆皆さんの金融機関の、保証の「委託」があることの契約条項や、情報提供の取扱いについて確認しておきましょう。

もう少し知りたい ➡ 88頁、219頁〜、224頁

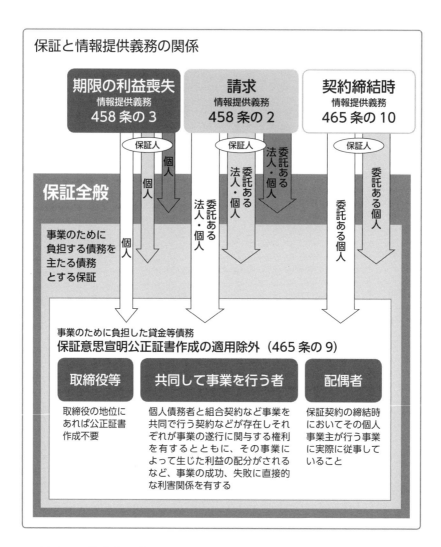

保証と情報提供義務の関係

期限の利益喪失	請求	契約締結時
情報提供義務 458 条の 3	情報提供義務 458 条の 2	情報提供義務 465 条の 10

保証人 保証人 保証人

個人 個人 委託ある法人・個人 委託ある法人・個人 委託ある個人

保証全般

事業のために負担する債務を主たる債務とする保証

個人 法人・個人 委託ある法人・個人 委託ある個人

事業のために負担した貸金等債務
保証意思宣明公正証書作成の適用除外（465 条の 9）

取締役等	共同して事業を行う者	配偶者
取締役の地位にあれば公正証書作成不要	個人債務者と組合契約など事業を共同で行う契約などが存在しそれぞれが事業の遂行に関与する権利を有するとともに、その事業によって生じた利益の配分がされるなど、事業の成功、失敗に直接的な利害関係を有する	保証契約の締結時においてその個人事業主が行う事業に実際に従事していること

●上図は、債務者の保証人に対する情報提供義務と、債権者（金融機関等）の保証人に対する情報提供義務（主債務の履行状況、期限の利益喪失時）が、どのような保証の場合に必要になるかを示したものです。

●保証契約締結時の情報提供義務の対象になる保証人には、事業融資の公正証書作成適用除外の経営者も含まれるので注意しましょう。

もう少し知りたい ➡ 219頁13～

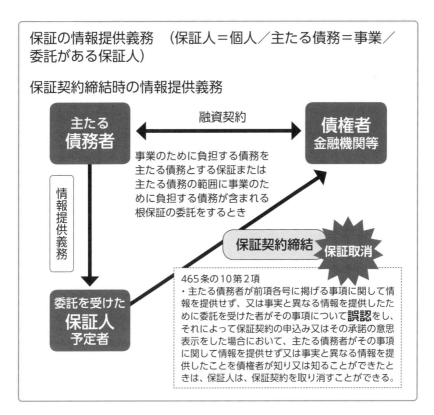

保証の情報提供義務　（保証人＝個人／主たる債務＝事業／委託がある保証人）

保証契約締結時の情報提供義務

主たる債務者 — 融資契約 — 債権者 金融機関等

事業のために負担する債務を主たる債務とする保証または主たる債務の範囲に事業のために負担する債務が含まれる根保証の委託をするとき

情報提供義務

委託を受けた保証人予定者

保証契約締結　保証取消

465条の10第2項
・主たる債務者が前項各号に掲げる事項に関して情報を提供せず、又は事実と異なる情報を提供したために委託を受けた者がその事項について**誤認**をし、それによって保証契約の申込み又はその承諾の意思表示をした場合において、主たる債務者がその事項に関して情報を提供せず又は事実と異なる情報を提供したことを債権者が知り又は知ることができたときは、保証人は、保証契約を取り消すことができる。

●新民法では、上図のように主たる債務者の保証人に対する契約締結時の情報提供義務について、主たる債務者がその事項に関して情報を提供せずまたは事実と異なる情報を提供したことを債権者が知りまたは知ることができたときは、保証人は、保証契約を取り消すことができるとされています。金融機関が知っていたことなどの立証は保証人が行う必要があります。また、取消権を行使するには、その情報提供によって、主債務者が情報提供すべき事項について誤認をしただけではなく、その誤認と保証契約の締結との間に因果関係があることが必要になります。

●「誤認」として保証の具体的なリスクの程度を見誤らせるような情報の例として、主債務者に換価可能な不動産などの資産があるとの説明があったにもかかわらずそのような資産がないといったケースや、

収益が上がっているとの説明があったにもかかわらず全く収益がないといったケースなどは、通常、取消権を行使するに足りる誤認があったものと認められると考えられます。

●そのほか、保証意思宣明公正証書の作成を必要とする第三者保証人が、公正証書を持参して保証契約を金融機関と締結するにあたり、公正証書に記載された債務者の財産状況等が、金融機関が把握している内容と異なり、保証人が誤認をする内容であれば、金融機関としては、公正証書の再作成を依頼しなければならないこともあると考えられます。

●債務者の情報提供義務違反を金融機関（債権者）が「知ることができたとき」とは、債権者が知っている主債務者の財産状況などから考えて、直ちに保証債務の履行を求められることになるのは明らかであり、通常であればおよそ第三者が保証するとは考え難いような場合であるにもかかわらず、説明の有無や内容について十分な確認をすることを怠ったときが考えられます（参議院法務委員会第12号、平成29年5月16日政府委員答弁）。

　債権者である金融機関は、次頁のような債務者の正確な情報提供についてサポートすることも有効と考えられます。なお、債務者や保証人から情報提供があったことの表明保証を徴求することが考えられますが、後掲の注意点があります。

◆皆さんの金融機関の、保証意思宣明公正証書の内容確認の方法をチェックしておきましょう。

もう少し知りたい ➡ 219頁13 〜

主たる債務者の保証人に対する情報提供義務（465条の10）のチェックリスト
【事業債務の、委託がある、個人の、（根）保証人】

<注意　2020年4月1日以降の保証契約に適用>

情報提供義務の内容	債務者の提供内容をチェック	立会いの要否判断	金融機関確認欄
1. 財産および収支の状況	【法人の場合】 ⇒**決算書**、計算書類、税務申告書類に加え、事後的に主たる債務の弁済に支障となるような事情が生じていれば、その事情に関する説明をする 【個人の場合】 ⇒財産目録、税務申告書類、収支報告書	◆金融機関が債務者・保証人を熟知しており、情報提供内容を確認できる ◆主債務者が情報を提供しない可能性がある類型ではないかの確認	
2. 主たる債務以外に負担している債務の有無ならびにその額および履行状況 （だれに、いくらの債務を負担しているかなどの内訳まで説明する必要はなく、全体としてどれくらいの債務を負担しているのかを説明する（部会86回議事録23頁）	⇒軽微なものは除くことも可能 ⇒どのような開示基準を定めるかは、主債務の額、主債務者の資産・担保の状況等の個別事情による	●保証人が虚偽の説明があっても見抜けない可能性があるか <例> ・師弟間 ・親子間 ・親族間	
3. 主たる債務の担保として他に提供し、または提供しようとするものがあるときは、その旨およびその内容	⇒担保提供しているもの、しようとするものすべてについて情報提供すべき		

●上図のような主たる債務者の保証人に対する情報提供義務は、事業のために負担する債務であれば、融資でなくても支払承諾やデリバティブ契約の解約清算金の保証人も対象になります。

●公正証書作成適用除外の経営者等も、情報提供義務の対象になります。

◆皆さんの金融機関の、主債務者の保証人に対する情報提供義務履行の確認方法として金融機関のサポート方法や、情報提供の対象となる情報とは何か、主債務者から保証人に対して提供された情報の確認の程度について、確認をしておきましょう。

もう少し知りたい ➡ 219頁13～

> ### 主債務者の保証人に対する、契約締結時の情報提供の、表明保証（文案）
>
> 【名宛・金融機関／保証人】
>
> 【作成者・主債務者　記名捺印】
>
> ----
>
> 記
>
> 主債務者は、保証人に対して保証を委託するにあたり、民法465条の10に基づき、以下の情報の提供を行いましたので報告します。
>
> ①財産および収支の状況
> ②主たる債務以外に負担している債務の有無ならびにその額および収支の状況
> ③主たる債務の担保として他に提供し、または提供しようとしているものがあるときは、その旨およびその内容
>
> 主債務者は、上記の事実に相違がある場合には、主債務者の金融機関に対するすべての債務の期限の利益を喪失することを確認し、金融機関に損害が発生した場合にはこれを賠償します。
>
> ----
>
> 【確認欄・保証人】
>
> 私は、主債務者から保証人となる委託を受け、上記①～③の情報の提供を受けました。
>
> 【保証人　記名捺印】

●主たる債務者の保証人に対する情報提供義務の履行について、パンフレットで主たる債務者や保証人に対して周知するとともに、チェックリストにより確認し、上図のような主債務者と保証人から表明保証を徴求する方法が考えられます。

　表明保証を徴求することは、契約締結時の情報提供義務が適法かつ適切に履行されることを心理的にも確実にするために有効と考えられます。

●そのほか、保証人が主債務者から適切に情報提供がされたとの表明保証をし、そのことが認められなかった場合には損害賠償金を支払うとの約束をすることも考えられます。しかし、実際には主債務者がなんらの情報提供をしていなかった場合以外では、金融機関が保証人に対して損害賠償を求めることは難しいと考えられます。

●なお、前掲のように、事業融資で、公正証書作成適用除外ではない個人の第三者が保証人になる場合には、公正証書を作成することになります。

　それでは、主債務者の保証人に対する情報提供義務の履行状況を、公証人はどのように確認するかというと、その情報提供の有無およびその情報の内容を確認し、保証人予定者がその情報も踏まえて保証人になろうとしているかどうかを見極めます。

●そして、保証人予定者が主債務者から書面で情報の提供を受けていた場合には、公証人は保証人予定者からその書面の写しの提供を受けて附属書類として連綴し、または、保証人予定者が主債務者から口頭で情報の提供を受けた場合には、その内容を保証人予定者から確認したうえでその要領を録取した書面を作成し、附属書類として連綴します。

●以上のように、主債務者の保証人に対する情報提供の内容は公正証書の附属書類として連綴されます。

　そうすると公正証書の作成が必要となる保証人と金融機関の保証契約締結の際には、金融機関は公正証書の附属書類の内容も見ることになります。そして、金融機関としては情報提供の内容を知らなかったとは言えず、情報提供の内容に虚偽があったことが明らかな場合には、そのことを知らなかったとは言えないと考えられます。また、その附属書類の情報提供の内容が、金融機関が把握している情報と違った場合には、金融機関は「当然知るべきだった」として保証契約の取消しを受けるおそれがあります。

◆皆さんの金融機関での、債務者の保証人に対する情報提供義務履行の確認の程度・方法についての、取扱いを確認しておきましょう。

もう少し知りたい ➡ 223頁（3）

債権者（金融機関）の保証人に対する、保証契約締結後の情報提供義務

保証人からの
主たる債務の
履行状況の
情報提供の請求

458条の2

委託がある
保証人

確認欄

保証人は
法人・個人とも
対象

事業・
非事業貸出とも
対象

確認欄

情報提供内容
主たる債務の元本・
利息・違約金・損
害賠償その他のそ
の債務に従たる全
てのものについて
の
①不履行の有無
②残額
③弁済期が到来し
ているものの額

確認欄

債務者が
期限の利益喪失
をした場合の
情報提供義務

458条の3

委託の有無
を問わず
保証人

確認欄

保証人は
個人のみ対象

事業・
非事業貸出とも
対象

確認欄

情報提供内容
主たる債務者が期
限の利益を喪失し
たときから2か月
以内に、
その旨を通知
**未着は、公示送達
を検討する必要が
あるか？**

確認欄

●金融機関（債権者）の保証人に対する情報提供義務について整理したのが上の図です。

●注意が必要な委託の有無や、法人も含むかなどの注意点があります。

◆金融機関の保証人に対する情報提供の内容に漏れが生じることがないように、皆さんの金融機関の、情報提供の方法・内容について確認しておきましょう。

もう少し知りたい ➡ 226頁（4）

金融機関の保証人に対する情報提供通知書の文案

主たる債務の履行状況に関する情報提供請求

通知書

貴殿から民法 458 条の 2 に基づき請求があった、貴殿保証にかかる○○殿の主たる債務等に関する 2020 年 5 月 1 日現在の情報は以下のとおりです。

記

主たる債務の元本・利息・違約金・損害賠償その他の主たる債務に従たるものについての内容は以下のとおりです。

①不履行の有無、

②残額　　　円

③弁済期が到来しているものの額　　　円

主たる債務者が期限の利益喪失をした場合の情報提供

通知書

貴殿保証にかかる○○殿は、2020 年 5 月 1 日付けにて、当金融機関に対する下記債務の期限の利益を喪失しましたので、保証人である貴殿に通知いたします。

ついては、本書到達の日から○日以内に下記金額をお支払いください。

記

元金残高　　円

利息　　　　円

損害金　　　円

到達の確認欄
未着は公示送達検討

● 金融機関の、保証人に対する情報提供義務が明文化されたので、金融機関もこれを履行する必要があります。情報提供の文案例は上図のようになります。

● 委託がある場合であっても、求めに応じて、民法の情報提供義務の範囲を超えて必要以上に情報提供して、債務者からクレームを受ける

おそれがあるので、情報提供義務の範囲を確認しておきましょう。

●なお、新民法の情報提供義務は、新民法の施行日である2020年4月1日以降に締結した保証契約から適用されます。新民法施行日前の保証契約について、保証人から情報提供の請求があった場合には、必要に応じて債務者の同意をとることも検討すべきです。

●他方で、無委託の保証人から、情報提供請求があったら、金融機関の立場としては、安易に無委託保証人に情報を提供することは避けたほうがよいので、回答する場合には債務者の承諾が必要と考えられます。

●債務者が期限の利益を喪失をした場合の債権者（金融機関）の保証人に対する情報提供義務は、2か月以内に到達する必要があります（期間内に到達しないと損害金の請求ができなくなります）。契約書式の確認事項としては、保証契約に保証人の届出事項変更の場合の届出義務があるか、各種契約書の保証条項に、届出事項変更の場合の届出義務や、通知のみなし到達の条項を設けることが考えられます。【225頁参照】

●保証人から請求があった場合の金融機関の保証人に対する情報提供義務の通知方法に限定はないので、口頭、書面、電子メール等の方法が考えられますが、通知しないことが債務不履行となるため、書面を保管しておくことが考えられます。

◆皆さんの金融機関の、保証人に対する情報提供の方法について確認しておきましょう。

もう少し知りたい ➡ 226頁（4）、242頁1

連帯債務・連帯保証　連帯保証人の一人に対する請求等は、相対効に改正

	旧民法	新民法
◆履行の請求	**<絶対的効力>** 458条が準用する434条 連帯債務者の一人に対する履行の請求は、他の連帯債務者に対しても、その効力を生ずる	**<相対的効力>**旧434条削除 連帯債務者の一人に対する履行の請求は、当事者間に別段の合意がある場合を除き、他の連帯債務者に対して効力を生じない（下記★参照）
相殺の援用	**<絶対的効力>** 458条が準用する436条 連帯債務者の一人が債権者に対して債権を有する場合において、その連帯債務者が相殺を援用したときは、債権は、すべての連帯債務者の利益のために消滅する	**<絶対的効力>** 458条が準用する439条1項 従来の規律と同様
	債権を有する連帯債務者が相殺を援用しない間は、その連帯債務者の負担部分についてのみ他の連帯債務者が<u>相殺を援用することができる</u>458条が準用する436条2項	**458条が準用する439条2項** 左欄の下線部を、「自己の債務の履行を拒絶することができる」という旨に改正された
更改	**<絶対的効力>** 458条が準用する435条 連帯債務者の一人と債権者との間に更改があったときは、債権は、すべての連帯債務者の利益のために消滅する	**<絶対的効力>** 458条が準用する438条 従来の規律と同様
混同	**<絶対的効力>** 458条が準用する438条 連帯債務者の一人と債権者との間に混同があったときは、その連帯債務者は、弁済をしたものとみなす	**<絶対的効力>** 458条が準用する440条 従来の規律と同様
◆免除	**<絶対的効力>** 458条が準用する437条 連帯債務者の一人への債務免除は、その負担部分についてのみ他の連帯債務者の利益のためにその効力を生ずる	**<相対的効力>**削除・旧民法439条・437条 連帯債務者の一人について生じた事由は他の連帯債務者に対してその効力を生じない **⇒債権者および他の連帯債務者の一人が別段の意思表示をしたときは、当該他の連帯債務者に対する効力は、その意思に従う<絶対的効力とする合意も可能>**
◆時効の完成	**<絶対的効力>** 458条が準用する439条 連帯債務者の一人のために時効が完成したときは、その連帯債務の負担部分については、他の連帯債務者も、その義務を免れる	
相対的効力の原則	上記の場合を除き、連帯債務者の一人について生じた事由は、他の連帯債務者に対してその効力を生じない	★個別の金銭消費貸借の改正で対応するか（銀行）取引約定書等で定める方法がある

●旧民法では、連帯債務・連帯保証に関連して、連帯債務者・連帯保証人の一人に対する請求は、他の連帯債務者・連帯保証人に対しても、その効力が生じました（絶対的効力事由）。

●そして、連帯債務者・連帯保証人の一人に対する履行の請求・時効の完成・免除は、旧民法では絶対効なので、連帯保証人に対して裁判所が関与した請求をすれば主たる債務者に対しても時効中断の効力がありました。

●しかし、絶対的効力事由の場合には、連帯債務者の一人に対する請求を他の連帯債務者は当然には知らず、いつの間にか履行遅滞に陥っていたなどの不測の損害を受けるおそれや、特定の連帯債務者から履行を受けるつもりであっても、すべての連帯債務者との関係で消滅時効の完成を阻止する措置を取らなければならないなど債権者の負担が大きいなどの問題がありました。

●新民法では、前頁の図のように連帯債務者・連帯保証人の一人に対する請求や免除、一人についての時効の完成は、他の連帯債務者・連帯保証人には効力が生じないこと（相対効）になりました。

●ただし、この改正は当事者が民法と異なる合意をすることができる任意規定なので、例えば次頁のように別段の意思表示をして金融機関と合意することによって、絶対効とすることができます。

もう少し知りたい ➡ 238頁4

> **連帯保証人の一人に対する請求を絶対効とする文案**
>
> ＜文案＞
> 主債務者および他の連帯保証人
> ならびにその包括承継人
> または債務を引き受けた者（以下「債務者等」という）
> の一部に対して、
> 債権者が履行の請求等のその他の通知を行った場合は、
> 他の債務者等に対しても通知がされたものとすることに
> 合意する。

●新民法の下で、連帯保証人の一人に対する請求を絶対効とする別段の意思表示は、上記のような条項を設けることによって可能になり、保証条項がある契約書に盛り込むことが考えられます。

●【経過措置】連帯保証人について生じた事由の主債務者に対する効力についての、新旧民法の適用を分ける基準時は、保証契約締結時です。つまり、新民法施行前に保証契約が締結された場合には、旧民法の絶対効（連帯保証人の一人に対する請求、連帯保証人の一人に対する免除、連帯保証人の一人についての時効の完成）が適用されますが、新民法施行日以後に締結された保証契約では相対効（連帯保証人の一人に対する請求、連帯保証人の一人に対する免除、連帯保証人の一人についての時効の完成）になります。

◆皆さんの金融機関の、連帯保証人の一人に対する請求を絶対効とする意思表示について、確認しておきましょう。

もう少し知りたい ➡ 196頁7、238頁4

連帯保証人の一人に対する請求を、絶対効化することの合理性についての意見

合理性が問題になるとの指摘
新民法で時効の完成は、相対効化した…請求を絶対効化させる必要性は低下している

①

債権者	債権者・債務者絶対効化を合意
主債務者	

保証人A	保証人にとって将来の保証人は予測できない
保証人B	

②

債権者	債権者・主債務者保証人A・保証人Cと絶対効化を合意
主債務者	

| 保証人A | |
| 保証人C | |

③

債権者	債権者・主債務者保証人Cと絶対効化を合意（Aとの合意なし）
主債務者	
保証人C	

Aとの、C交替の絶対効化連署合意なし

金融機関から、Bが脱退しCが加入した旨をAに通知

●新民法で廃止された、連帯保証人の一人に対する請求は、上図①のように、債権者と債務者が合意をすることによって絶対効とすることが可能となりました。

●しかし、連帯保証人の一人に対する請求を絶対効とすることの合理性への疑問が指摘されています。

●つまり、新民法では、連帯保証人の一人についての時効の完成や免除も相対効となっていることから、連帯保証人の一人に対する請求を絶対効とする必要性は低下しているとするものです。

●そこで、図①の保証人Bが脱退して、上図②のように保証人Cが加

入した場合には、こうした反論に備えて、図②のように、債権者・主債務者と新保証人Cと既存の保証人Aも絶対効の合意(「金融機関が保証人の一人に対して履行の請求をしたときは債務者および他の保証人に対してもその効力が生じる」)を徴求する方法が考えられます。

●一方で、図③のように、債権者（金融機関）、主債務者と新規加入連帯保証人Cのみで上記の絶対効化の合意をするものの、A（既存の連帯保証人）との合意をしない場合には、Aに連帯保証人Bが脱退してCが連帯保証人に新規加入したことがわかるように、Aに対して通知する（連帯保証人の一人に対して請求した場合には主債務者および他の連帯債務者に対しても請求する）ことが考えられます。

●そのほか、保証契約書において、保証人は、主たる債務者が金融機関と締結した連帯保証人の一人に対する請求を絶対効化する旨の別段の合意を含めた、その他の条項が適用されることを、（銀行）取引約定書や保証条項で明確にする契約書式変更の工夫をする考え方があります。

●皆さんの金融機関の、連帯保証人が交替した場合の対応方法を確認しておきましょう。

もう少し知りたい ➡ 95頁、196頁7、238頁4

3. 途上・中間管理

■債務引受
　　併存的債務引受
　　免責的債務引受
■第三者弁済・代位

◆融資取引では、契約を締結して融資金を実行した後に、債務者や保証人に変動があったり、相続や組織変更により債務を引き受けたり、弁済を受ける場合があります。こうした変更や変動などがあった場合には、営業店の皆さんは本部に相談しながら契約書作成や対応を行うことになるのではないでしょうか。

●新民法では、**債務引受**が明文化されたことにより、その取扱いが明確になり、活用方法が広がりました。
●新民法で債務引受は、重畳的債務引受と一般によばれていたものが併存的債務引受と条文上よばれるようになりました。また、免責的債務引受の規定が明文化されました。

　併存的債務引受は、引受人と債務者の関係が連帯債務になりますが、連帯債務者の一人に対する請求や一人についての時効の完成が旧民法の絶対効から新民法では相対効になり、権利関係の複雑化を防ぐことができます。

　免責的債務引受は、債務者の意思に反しても、債務者に通知をすれば有効となります。そこで、債務引受の活用方法と、注意点を確認しておきましょう。
●新民法では、第三者弁済は、債権者（金融機関）が債務者の意思に反することを知らなければ、有効となります。そのほか、債権者（金融機関）の意思に反して第三者弁済をすることができません。

　また、第三者弁済をした者は、債権者（金融機関）の同意がなくても債権者に代位するので、注意をする必要があります。

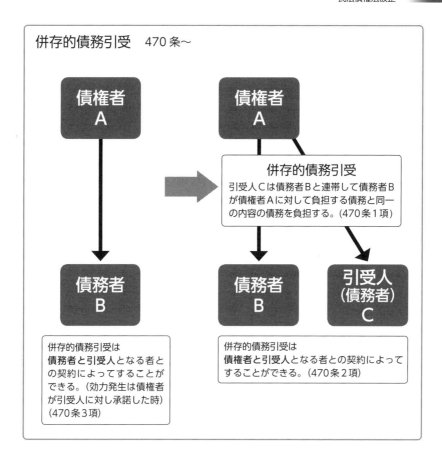

併存的債務引受　470条〜

債権者
A

債権者
A

併存的債務引受
引受人Cは債務者Bと連帯して債務者B
が債権者Aに対して負担する債務と同一
の内容の債務を負担する。(470条1項)

債務者
B

債務者
B

引受人
(債務者)
C

併存的債務引受は
債務者と引受人となる者との契約によってすることが
できる。(効力発生は債権者
が引受人に対し承諾した時)
(470条3項)

併存的債務引受は
債権者と引受人となる者との契約によって
することができる。(470条2項)

●債務引受とは、債務者が負担する債務と同一の内容の債務を契約に
よって第三者が負担する制度です。

●債務引受のうち、第三者が債務を負担した後も元の債務者が引き続
き債務を負担するのが、上図のような併存的債務引受です。

●旧民法では、債務引受の明文規定はなく判例で認められています。

●新民法では明文規定が新設され、取扱い方法が明確になりました。
なお従来は重畳的債務引受と呼ばれることが多かった債務引受は、併
存的債務引受として新民法に定められました。

●新民法で併存的債務引受は、債権者・債務者間の契約によってする
ことができ、債務者・引受人の契約によってすることもできることが

明確になりました（効力発生は債権者が債務者に承諾をした時）。

●旧民法では、併存的債務引受は、債務者と引受人の関係が連帯債務になりました（新民法ではその旨が明文化されました）。

●そうすると、前述のように、時効などについて絶対効があるため、せっかく引受人に債務を引き受けさせても、時効が完成した債務者がこれを援用すると、債務が消滅するリスクがありました。

●新民法では時効の完成が相対効となったことから、併存的債務引受の使い勝手がよくなると考えられます（連帯保証人の一人に対する請求は絶対効とする別段の意思表示による合意をすることが可能）。

もう少し知りたい ➡ 95頁、104頁、232頁〜

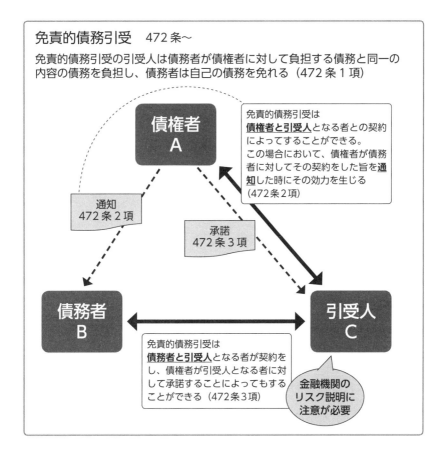

免責的債務引受　472条〜

免責的債務引受の引受人は債務者が債権者に対して負担する債務と同一の内容の債務を負担し、債権者は自己の債務を免れる（472条1項）

債権者
A

免責的債務引受は**債権者と引受人**となる者との契約によってすることができる。この場合において、債権者が債務者に対してその契約をした旨を**通知**した時にその効力を生じる（472条2項）

通知
472条2項

承諾
472条3項

債務者
B

引受人
C

免責的債務引受は**債務者と引受人**となる者が契約をし、債権者が引受人となる者に対して承諾することによってもすることができる（472条3項）

金融機関のリスク説明に注意が必要

●債務引受のうち、免責的債務引受は、引受人が債務を負担した後は元の債務者が債務を免れます。

●旧民法下で免責的債務引受は、債務者の同意が必要と考えられており、債務者が行方不明等の場合には、やむを得ず併存的（重畳的）債務引受とする実務が行われていました。

●新民法の免責的債務引受では、上図のように債権者・引受人の間の契約によってすることができます（債権者が契約した旨を債務者に通知した時に効力発生）。また、債務者・引受人間で契約をし、債権者が承諾をすることによってすることができます。

●新民法では、債務引受についての担保と保証の移転の方法が明確に

なりました。

　債務者が負担していた債務の担保として設定された担保と保証は、債権者（金融機関）が免責的債務引受を行う前にあらかじめまたは同時に引受人に対して移転をさせる意思表示をしてすることができます。また、移転の対象となる担保権や保証を引受人以外の者が設定しているときは、その者の承諾を得る必要があります。そして、この場合の保証人の承諾は書面または電磁的記録による必要があります。

●いままで多く使われることがなかった免責的債務引受が新民法の下で活用されるようになる場合の注意点があります。それは、免責的債務引受の引受人は、債務者に対して求償権を取得しないので、金融機関はその点を引受人に説明することがトラブル防止になります。そのほか、求償権を発生させるのであれば、別途、引受人と債務者との間で合意をする必要があるので、この点も顧客説明をすることがトラブル防止になると考えられます。

◆以上のように、免責的債務引受の使い勝手がよくなりましたが、顧客説明に注意すべき点があります。皆さんの金融機関の債務引受についての説明方法を確認しておきましょう。

もう少し知りたい ➡ 232頁〜

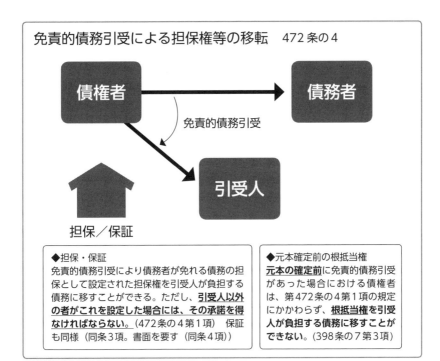

免責的債務引受による担保権等の移転　472条の4

債権者 → 債務者

免責的債務引受

引受人

担保／保証

◆担保・保証
免責的債務引受により債務者が免れる債務の担保として設定された担保権を引受人が負担する債務に移すことができる。ただし、**引受人以外の者がこれを設定した場合には、その承諾を得なければならない。**(472条の4第1項)　保証も同様（同条3項。書面を要す（同条4項））

◆元本確定前の根抵当権
元本の確定前に免責的債務引受があった場合における債権者は、第472条の4第1項の規定にかかわらず、**根抵当権を引受人が負担する債務に移すことができない。**(398条の7第3項)

● 新民法では、免責的債務引受をした場合の、担保または保証の移転について上図のように規定が設けられました。

● 債権者は、債務者の承諾不要で、担保権・保証を引受人が負担する債務に移すことができます。ただし、引受人以外の者が設定した担保権は、設定者の承諾、保証人が引受人以外の者である場合には書面による承諾が必要です。

● なお、担保の移転の対象は、基本的には、普通担保が想定されており、根抵当権の元本確定前に免責的引受契約をした場合には、根抵当権を引受人が負担する債務に移すことができない旨の明文規定があるので、注意が必要です（398条の7）。

◆皆さんの金融機関の、免責的債務引受の場合の、担保や保証の移転方法を確認しておきましょう。

もう少し知りたい ➡ 232頁〜

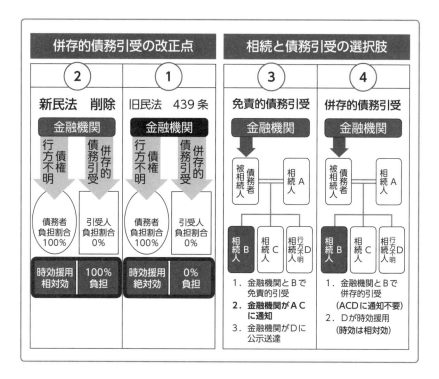

●旧民法では、連帯債務者の一人についての時効の完成は図①のように他の連帯債務者にもその効果が及ぶ絶対効でした。新民法では、図②のように併存的債務引受では、連帯債務者の一人に対する時効・免除が相対効となることから、併存的債務引受のデメリットがなくなり、活用が進むと考えられます。

●そのほか、免責的債務引受は、旧民法では債務者の意思に反してできないとされていますが、図③のように、新民法では、通知をすればよいとされました。そうすると、図③④のような相続の場合も免責的債務引受と併存的債務引受が使いやすくなると考えられます。

◆利用範囲が広がった債務引受について、皆さんの金融機関の本部に契約書式のサポートを受けながら、活用方法を考えてみましょう。

もう少し知りたい ➡ 234頁2

途上・中間管理　弁済・代位

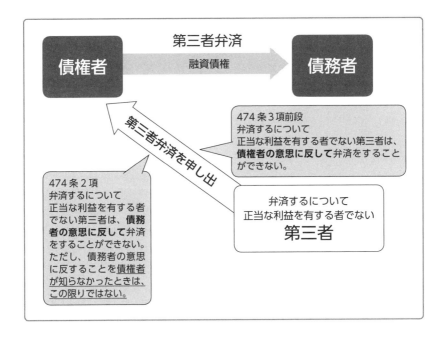

- 第三者弁済とは、債務者と利害関係を有しない第三者は、債務者の意思に反して弁済をすることができない制度です。
- 旧民法では、債権者（金融機関等）は債務者と利害関係を有しない第三者から弁済を拒むことができず、債務者の意思に反していることを知らない債権者が受けた弁済が後に無効になるおそれがありました。
- 新民法では、上図のように第三者弁済について、債権者（金融機関）を保護するために、弁済をするについて正当な利益を有する者でない第三者の弁済が、債務者の意思に反する場合であっても、債務者の意思に反することを債権者が知らなかったときには、その弁済は有効となります。

　一方、第三者による弁済を債権者が望まない場合には、原則として債権者の意思に反して弁済をすることができません。

- なお、新民法では、旧民法の「利害関係を有しない第三者」を「弁済をするについて正当な利益を有する者でない第三者」に変更しています。そして、物上保証人や、担保不動産の第三取得者、同一不動産

の後順位担保権者のように弁済について法律上の利害関係を有する第三者は、債務者の意思にかかわりなく弁済できます。

●債権者である金融機関が第三者弁済を受ける場合には、債務者の意思に反しないことを知らなかったかについてトラブルになることもありうるので、確認方法の手順を設けることも考えられます。

◆皆さんの金融機関の、第三者弁済の取扱い方法を、本部に確認しておきましょう。

もう少し知りたい ➡ 237頁3

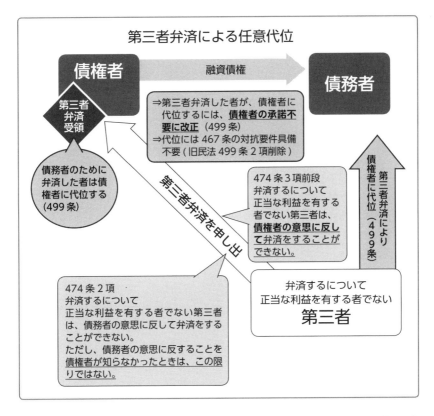

第三者弁済による任意代位

債権者 ──融資債権──▶ 債務者

第三者弁済受領

⇒第三者弁済した者が、債権者に代位するには、**債権者の承諾不要に改正**（499条）
⇒代位には467条の対抗要件具備不要（旧民法499条2項削除）

債務者のために弁済した者は債権者に代位する（499条）

474条3項前段
弁済するについて正当な利益を有する者でない第三者は、**債権者の意思に反して弁済をすることができない。**

第三者弁済を申し出

第三者弁済により債権者に代位（499条）

474条2項
弁済するについて正当な利益を有する者でない第三者は、債務者の意思に反して弁済をすることができない。
ただし、債務者の意思に反することを債権者が知らなかったときは、この限りではない。

弁済するについて
正当な利益を有する者でない
第三者

●弁済による代位とは、弁済をした者が、債務者に対する求償権を確保するために、それまで債権者が債務者に対して有していた担保権等の権利を代わりに行使できるようになるという制度です。

●旧民法では、債権者（金融機関）が第三者弁済を受けた場合であっても、弁済者が債権者に代位するためには、債権者の承諾が必要でした。

●新民法では、上図のように債権者の意思に反して第三者弁済ができませんが、債務者が弁済を受けたにもかかわらず、代位を拒絶する権利を認める必要はないことから、代位の要件としての債権者の承諾は不要とされました。

◆皆さんの金融機関の、第三者弁済の申し出があった場合の取扱い方法を確認しておきましょう。

もう少し知りたい ➡ 237頁3

4. 債権管理・回収

■相殺と債権譲渡
■時効
■時効期間・時効完成猶予・更新
■債権者代位権
■詐害行為取消権

◆債務者の経営状況や資産状況が悪化して弁済期日に返済ができなくなった場合には、営業店の皆さんは本部の専門部署に相談して、回収策を検討することになります。

●相殺は、旧民法の無制限説が新民法で明文化されたので、現在の実務を維持することができます。そして、債権譲渡と相殺の関係では、債務者は相殺することができる範囲が拡大したので、売掛債権譲渡担保融資などでは、新民法で廃止された異議をとどめない承諾に代わる抗弁放棄の意思表示を受けることが重要になります。

●時効は、権利を行使することができる時（客観的起算点）から10年、または、権利を行使できることを知った時（主観的起算点）から5年のいずれかが早く経過した時点で完成するので、契約に基づくことが多い金融機関取引では主観的起算点から5年による時効管理をする必要があります。

●旧民法の時効の中断・停止は整理されて、時効の完成猶予（一旦ストップ）と更新（時効期間のリセット）になり、仮差押え・仮処分は時効完成猶予とされて効力が弱まり、協議を行う旨の合意による時効完成猶予が新設されたので、改正内容をよく確認しておきましょう。

●新民法では、債権者を害する不当な処分行為を取り消す権利である詐害行為取消権と債務者の責任財産の保全のための債権者代位権の詳細な規定が定められました。本部と相談して、回収策を検討しましょう。

相殺	差押え後に取得した債権が、差押えよりも前の原因に基づいて生じたものであるときは、相殺をもって差押債権者に対抗できる

差押え前の原因	差押え後に取得した債権が、差押えよりも前の原因に基づいて生じたものであるとき
対抗要件の具備時よりも**前**に締結されていた**割引手形の買戻し特約**	差押えよりも**後**になって発生した買戻請求権、**割引手形買戻請求権**
対抗要件の具備時よりも**前**に債務者と保証人の間で締結されていた**保証契約**	これに基づいて対抗要件の具備時よりも**後**になって発生した**事後求償権**

●相殺とは、AとBが互いに債権を持つ場合に、一方の意思表示により、お互いの債権を消滅させることです（Aが相殺をする場合には、Aの債権を自働債権、Bの債権を受働債権と呼びます）。

●新民法では、差押えを受けた債権を受働債権とする相殺の禁止について、判例の無制限説を前提として、明文化がされました。さらに、上図のように差押え後に取得した債権であっても、差押え前の原因によるものであるときは、その債権による相殺をもって、差押債権者に対抗できる（権利を主張することができる）改正がされました。

　しかし、第三債務者が差押え後に他人の財産を取得した場合には、第三者が差押えの時点で相殺の期待があったとはいえないので、相殺をすることができません。

●そこで、例えば、上図の割引手形の買戻請求権や事後求償権は旧民法下では特約で定めていましたが、新民法では、相殺で対抗できます。

●期限の定めがある預金は、新民法では、前掲預金のとおり、消費寄託に寄託の規定が準用されることになり、預金者は定期預金をいつでも払い戻すことができますが、金融機関は原則として満期前に支払い

ができないことを、預金規定を改定して明確にしています【29頁、30頁参照】。そのほか、新民法では、期限の定めがある預金は、金融機関が期限の利益を放棄して、預金者の損害を賠償すれば、期限前でも返還・相殺できるとする特例が設けられました（消費貸借の規定の消費寄託への準用）。しかし、相殺の場合の定期預金等の解約利率を約定利率としている場合が多く、期限の利益喪失時点から相殺時点までが短ければ、この場合の預金者の損害を賠償しないことに合理性があると考えられます。

　また、消費者ローン契約書（非提携月利方式）の参考例では、金融機関からの相殺の場合の預金の解約利率は、約定利息によるとしています。

● 【経過措置】差押えを受けた債権を受働債権とする相殺について新旧民法の適用を分ける基準時は、自働債権の原因の発生時点です。これが新民法施行日前であれば、旧民法が適用されます（ただし、旧民法下の判例により無制限説が取られているので、相殺の可否は新民法と変わらないと考えられます。

◆皆さんの金融機関での債権譲渡と相殺の取扱いについて、本部に確認して対応しましょう。

もう少し知りたい ➡ 242頁2〜

相殺の期待を有する債務者の保護の違い

		対抗要件の具備時よりも**前の原因**に基づいて生じた債権 （469条2項1号） （511条1項）	その債権が対抗要件の具備時よりも後の原因に基づいて生じたものであっても、**発生原因である契約**に基づいて生じたとき （469条2項2号）
相殺	債権譲渡	可	可
	差押え	可	不可

●新民法では、相殺について、差押えを受けた債権の第三債務者は、差押え前に取得した債権による相殺をもって、差押債権者に対抗できる（権利を主張できる）（無制限説）が明文化され、従来の実務は有効に維持されます。

●相殺の範囲については、前の原因に基づいて生じた債権と、発生原因である契約に基づいて生じた債権について、差押えと債権譲渡（強い相殺の期待がある）では違いが出ます。

●この違いは、差押えの場合は期限の利益喪失などにより、債務者の相殺に対する期待の違いがあることによるものと考えられます。

もう少し知りたい ➡ 242頁2〜

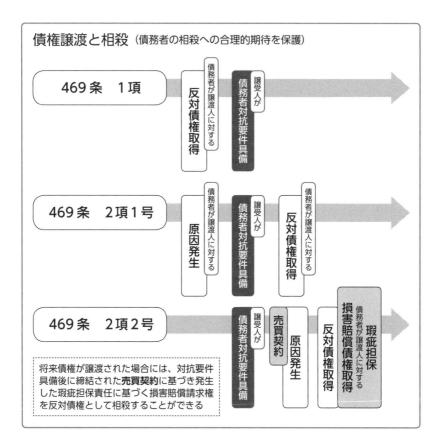

● 新民法では、上図のように将来債権が譲渡された場合の、債務の相殺可能範囲が拡大されました。その理由としては、同一の契約から生じた債権債務については、特に相殺の期待が強いことを踏まえたものです。

● そうすると、金融機関が債務者の売掛債権等を差し押さえる場面では、例えば、売買目的物の瑕疵に基づく損害賠償請求権との相殺を主張されるなど、「相殺の主張を受ける」場面も増加すると思われ、金融機関にとって不利に働くことも考えられます。

もう少し知りたい ➡ 242頁2〜

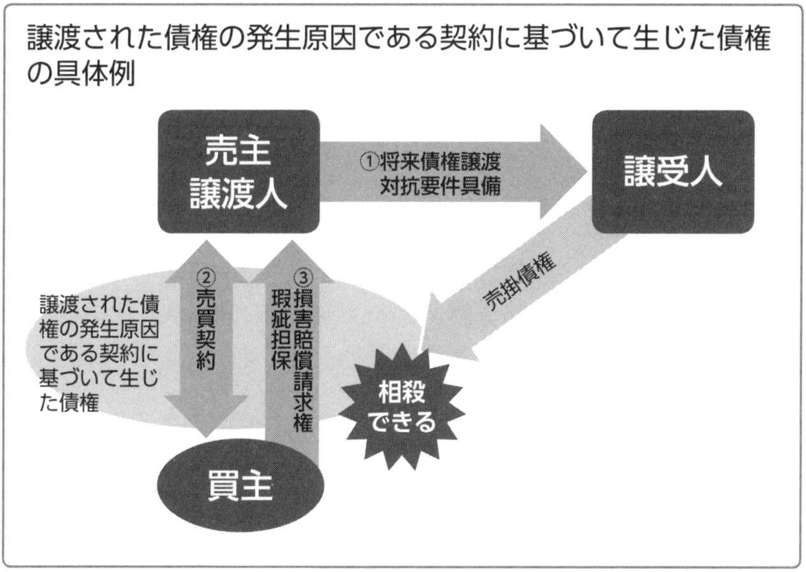

譲渡された債権の発生原因である契約に基づいて生じた債権の具体例

売主
譲渡人

①将来債権譲渡
対抗要件具備

譲受人

売掛債権

②売買契約

③損害賠償請求権
瑕疵担保

譲渡された債権の発生原因である契約に基づいて生じた債権

相殺
できる

買主

●新民法で、将来債権が譲渡された場合の、相殺可能範囲が上図のように拡大されました。

●例えば、将来発生する売買代金債権を譲渡する合意がされ、債務者対抗要件が具備された後に、当該売買代金債権を発生させる売買契約が締結された場合には、その後、その売買契約を原因として発生した損害賠償債権であっても、売買代金債権との相殺が可能となります。

●この例は上図のように、

①の将来発生する売掛債権が譲渡された場合における対抗要件具備後に、締結された、

②の売買契約（＝債権の発生原因）に基づく、

③の契約不適合責任（瑕疵担保責任）に基づく損害賠償請求権と、売掛金との相殺があるといわれています。

●具体的内容は、今後の議論に注目することが考えられます。

もう少し知りたい ➡ 242頁2〜

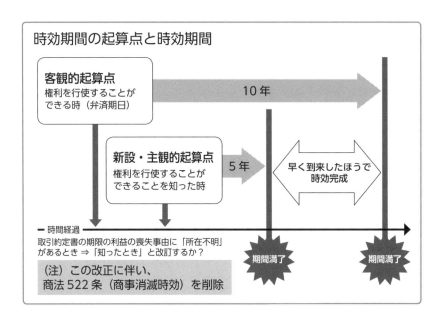

時効期間の起算点と時効期間

客観的起算点
権利を行使することが
できる時（弁済期日）

10年

新設・主観的起算点
権利を行使することが
できることを知った時

5年

早く到来したほうで
時効完成

─ 時間経過
取引約定書の期限の利益の喪失事由に「所在不明」
があるとき ⇒「知ったとき」と改訂するか？

（注）この改正に伴い、
商法522条（商事消滅時効）を削除

期間満了

期間満了

●時効とは、権利を行使しないまま一定の期間が経過した場合に、その権利を消滅させる制度です。

●旧民法の時効期間は、銀行は商事消滅時効の5年が適用されていますが、商人ではないとされる信用金庫や信用組合などは民法により10年とされてきました。

●新民法では、旧民法の1年から3年の職業別の短期消滅時効と商事消滅時効5年を廃止し、消滅時効の起算点と、時効期間の見直しの改正がされました。

●新民法では、上図のように債権の消滅時効期間について、「権利を行使することができる時」（客観的起算点）から10年の時効期間に加え、「権利を行使することができることを知った時」（主観的起算点）から5年の時効期間を設け、どちらかが早く経過したときに時効が完成します。

●契約により債権者・債務者が特定している貸付金や預金債権の消滅時効の期間は、権利を行使することができることを知った時から5年となります。

もう少し知りたい ➡ 250頁4〜

新民法と旧民法の、債権の消滅時効期間

	旧民法・商法	新民法
飲食料・飲食店・料理店の債権等	権利を行使できる時から1年（旧民法174条）	①権利を行使できることを知った時から5年、②権利を行使できるときから10年（166条）
生産者・卸売商人・小売商人の代金債権等	権利を行使できる時から2年（旧民法173条）	
設計・施工・監理業者の工事に関する債権等	権利を行使できる時から3年（旧民法170条）	①②のいずれか早いほうの期間が経過したときは時効が完成する。
商事債権一般	権利を行使できる時から5年（旧商法522条）	（旧商法522条商事消滅時効を削除）

●旧民法では、時効期間が上図のように規定され、1〜3年の職業別の時効期間がありました。

●新民法では、職業別の消滅時効期間は廃止されました。

●そして、図①②の消滅時効期間のいずれか早いほうの期間が経過したときに時効が完成します。

●【経過措置】債権の消滅時効期間（時効の起算点を含む）について、新旧民法の適用を分ける基準時は、債権の発生時点です。そこで、新民法施行日前に債権が生じた場合には（債権の発生は施行日後であるがその原因である法律行為が施行日前にされたときを含む）、旧民法が適用されます。そして、新民法施行日前に発生した債権について、新民法施行日後にその内容を変更する合意がされた場合に、当事者が更改として新たな債務を発生させる意思でなかった場合には、旧民法が適用されると考えられます。

もう少し知りたい ➡ 250頁4〜

新民法の不法行為、生命・身体侵害による損害賠償請求権の消滅時効期間

		原則	生命身体の侵害
債務不履行	権利を行使できることを知った時から	5年 （166条1項1号）	5年 （166条1項1号）
	権利を行使することができる時から	10年 （166条1項2号）	20年 （167条）
不法行為	権利を行使できることを知った時から	3年 （724条1項）	5年 （724条の2）
	権利を行使することができる時から	20年 （724条2項）	20年 （167条）

●旧民法には、人の生命や身体が侵害されたことによって生じた損害賠償請求権の消滅時効についての特則は設けられていません。

●新民法では、上図のように生命・身体の侵害による損害賠償請求権（不法行為による損害賠償請求権だけでなく、債務不履行に基づく損害賠償請求権も含む）について、主観的起算点からの時効期間は5年間、「権利を行使することができる時」からの時効期間は20年間になります。

●旧民法は、不法行為による損害賠償請求権が、不法行為の時から20年を経過したときに消滅すると規定しています（724条後段）。しかし、この期間制限の性質が消滅時効なのか除斥期間（時効の中断や停止の適用がなく、法が定めた一定の期間経過により権利があっても主張を認めない）なのかは条文上明らかでなく、疑義が生じていました。判例は、旧民法724条後段について除斥期間を定めたものであるとしています。

●新民法では、同条の20年の期間制限が除斥期間ではなく消滅時効であることが明らかになり、中断や停止が認められ、また、信義則や権利濫用の法理を適用することによる妥当な被害者救済の可能性が広がることになります。

もう少し知りたい ➡ 250頁4～

債権管理・回収　時効

消滅時効　時効完成猶予・更新、による整理−1

時効完成猶予事由・更新事由	時効完成猶予	時効の更新
ア　裁判上の請求等（147条） 裁判上の請求、支払督促、調停、破算手続参加、再生手続参加、更生手続参加がある場合	アの事由が終了した時まで　ただし、確定判決または確定判決と同一の効力を有するものによって権利が確定することなく終了した場合は、その終了の時から6か月経過した時まで	確定判決または確定判決と同一の効力を有するものによって権利が確定したときは、アの事由が終了した時から新たに進行
イ　強制執行等（148条） 強制執行、担保権の実行、担保権の実行としての競売、**財産開示手続**がある場合	イの事由が終了した時まで　ただし、権利者が申立てを取り下げた場合またはイの事由が法律の規定に従わないことにより取り消された場合はその時から6か月経過した時まで（時効の利益を受ける者に対してしないときは、その者に通知をした後でなければ、時効の完成猶予または更新の効力を生じない（新民法154条）⇒例・物上保証人に対する担保権実行等）	イの事由が終了した時から新たに進行　ただし、権利者が申立てを取り下げた場合またはイの事由が法律の規定に従わないことにより取り消された場合はこの限りでない（左欄カッコ内と同様）
ウ　仮差押え等（149条） 仮差押えまたは仮処分があったとき	仮差押え・仮処分の事由が**終了した時から6か月経過した時まで**（上記カッコ内と同様）	−
エ　承認（152条） 権利の承認があったとき。なお、承認には、相手方の権利について行為能力または権限を要しない	−	権利の承認があったときから新たに進行

●旧民法の時効の中断と停止は、上図のように新民法で整理されて、時効期間が形式的に時効が完成したことにならずストップして一定期間猶予される「時効完成猶予」と、時効期間がリセットされてゼロから起算する「更新」になりました。

●大きな変更点は、仮差押え、仮処分が、旧民法の中断から時効完成猶予に効力が弱まった点があります。

　また、更新・時効完成猶予に財産開示手続が新設されました。

もう少し知りたい ➡ 250頁4〜

消滅時効　時効完成猶予・更新、による整理－2

	旧民法の規律	新民法
催告による時効の完成猶予 **(150条)**	催告は、6か月以内に、裁判上の請求、支払督促の申立て、和解の申立て、調停の申立て、破算手続参加、差押え、仮差押えまたは仮処分をしなければ、時効の中断の効力を生じない。	（催告による時効の完成猶予） 第150条　催告があったときは、その時から6箇月を経過するまでの間は、時効は、完成しない。 2　催告によって時効の完成が猶予されている間にされた再度の催告は、前項の規定による時効の完成猶予の効力を有しない。
天災等による時効完成の猶予 **(161条)**	時効の期間の満了の時に、天災その他避けることのできない事変のため時効を中断することができないときは、その障害が消滅した時から2週間を経過するまでは、時効は完成しない。	（天災等による時効の完成猶予） 第161条　時効の期間の満了の時に当たり、天災その他避けることのできない事変のため第147条第1項各号又は第148条第1項各号に掲げる事由に係る手続を行うことができないときは、その障害が消滅した時から3箇月を経過するまでの間は、時効は、完成しない。
協議による時効完成の猶予 **(151条)**	（新設）	（協議を行う旨の合意による時効の完成猶予） 第151条　権利についての協議を行う旨の合意が書面でされたときは、次に掲げる時のいずれか早い時までの間は、時効は、完成しない。 　一　その合意があった時から1年を経過した時 　二　その合意において当事者が協議を行う期間（1年に満たないものに限る。）を定めたときは、その期間を経過した時 　三　当事者の一方から相手方に対して協議の続行を拒絶する旨の通知が書面でされたときは、その通知の時から6箇月を経過した時 2　前項の規定により時効の完成が猶予されている間にされた再度の同項の合意は、同項の規定による時効の完成猶予の効力を有する。ただし、その効力は、時効の完成が猶予されなかったとすれば時効が完成すべき時から通じて5年を超えることができない。 3　催告によって時効の完成が猶予されている間にされた第1項の合意は、同項の規定による時効の完成猶予の効力を有しない。同項の規定により時効の完成が猶予されている間にされた催告についても、同様とする。 4　第1項の合意がその内容を記録した電磁的記録（電子的方式、磁気的方式その他人の知覚によっては認識することができない方式で作られる記録であって、電子計算機による情報処理の用に供されるものをいう。以下同じ。）によってされたときは、その合意は、書面によってされたものとみなして、前3項の規定を適用する。 5　前項の規定は、第1項第3号の通知について準用する。

●旧民法では、当事者が紛争の解決に向けて解決策を協議している場合でも、時効完成の間際になると、時効の完成を防ぐために訴訟を提起する必要がありました。

●新民法では、前頁の図のように協議の合意による時効完成猶予が新設されました。

●権利についての協議を行う旨の合意が書面または電磁的記録によりされたときは、所定の期間、時効の完成が猶予されます。

　どのような状態になれば協議といえるかは不明瞭ですが、協議を行う合意の存否は比較的容易であることから、事後的な紛争とはなりにくいと考えられます。なお、協議を行う旨の合意としての書面をどのような内容にすればよいかを検討する必要があります。

●【経過措置】権利についての協議を行う旨の合意が書面でされた場合の新旧民法の適用を分ける基準時は、その合意時です。そこで、新民法施行日前に協議の合意がされても新民法は適用されません。

◆協議を行う旨の合意による時効完成猶予をする場合には、合意の書面をどのような内容にするかについて、皆さんの金融機関の本部と相談して対応しましょう。

もう少し知りたい ➡ 253頁（6）、254頁（7）

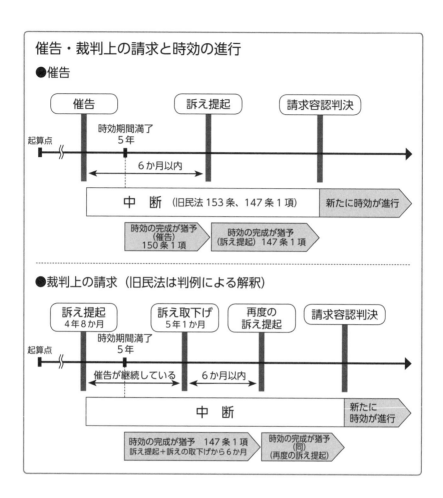

●新民法では、上図のように時効完成猶予として、裁判上の請求・支払督促・裁判上の和解等が加わりました。

●そして、各事由の裁判手続きによって、確定判決または確定判決と同一の効力を有するものによって権利が確定したときは、各事由の終了まで時効の完成が猶予されたうえで、その事由の終了の時に時効は更新され、時効期間は新たに進行を始めます。

●他方で、確定判決等による権利の確定に至ることなく中途で各事由が終了した場合には、時効の更新の効果は生じませんが、その終了の時から6か月を経過するまでは引き続き時効の完成が猶予されます。

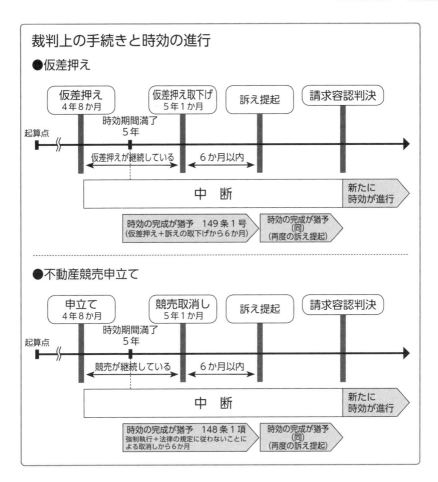

裁判上の手続きと時効の進行

●仮差押え

●不動産競売申立て

●新民法では、上図のように強制執行、担保権の実行、担保権の実行としての競売、財産開示手続の事由が生じれば、その事由の終了まで、時効の完成が猶予され、その事由の終了時において時効は更新され、新たに時効が進行を始めます。

●ただし、申立て取下げや、法律の規定に従わないことによる取消しによってその事由が修了したときは、時効の更新の効果は生じず、その終了の時から6か月を経過するまでは、引き続き時効の完成が猶予されます。

●仮差押え・仮処分は、時効の更新の効果はなく、その事由が終了し

た時から6か月を経過するまでの間は、時効の完成が猶予されます。

●仮差押えは「その事由が終了した時」から6か月間時効完成が猶予されますが、この「その事由が終了した時」について、判例は不動産仮差押えの登記が抹消された時とし、学説は不動産の仮差押えの登記がされた時としており異なる解釈をしています。そこで、新民法での解釈が判例で明確になるまでは、6か月以内に法的措置をとることが安全との考え方があります。

●【経過措置】時効についての旧民法の中断・停止と、新民法の更新・完成猶予の、新旧民法の適用を分ける基準時は、これらの事由が生じた時点（これらの事由が一定期間継続する場合はその最初の時点）です。その時点が新民法施行日前である場合は旧民法が適用されます。時効の経過措置対応は、後掲256頁と合わせて、新民法施行日前に発生した債権であるか否か、更新・時効完成猶予事由が新民法施行日後であるか否かにより、新旧民法の適用が異なります。そこで、過渡期には二重管理をする必要があるので、注意しましょう。

◆以上のことから、仮差押えの「事由が終了した時」とはどの時点かや、不動産競売申立てが無剰余取消しになった場合の時効管理については、皆さんの金融機関の本部と相談して対応しましょう。

もう少し知りたい ➡ 250頁4～

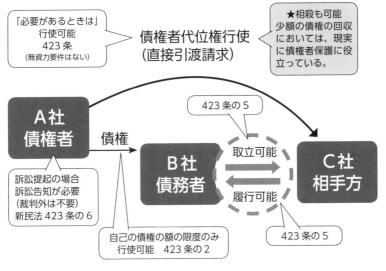

債権者代位権による事実上の優先弁済機能による回収は
どんな場合に可能か？

「必要があるときは」
行使可能
423条
(無資力要件はない)

債権者代位権行使
(直接引渡請求)

★相殺も可能
少額の債権の回収
においては、現実
に債権者保護に役
立っている。

**A社
債権者**

債権

423条の5

**B社
債務者**

取立可能

履行可能

**C社
相手方**

訴訟提起の場合
訴訟告知が必要
(裁判外は不要)
新民法423条の6

自己の債権の額の限度のみ
行使可能 423条の2

423条の5

新民法423条の5は、債権者が被代位権利を行使した場合であっても、
債務者は被代位権利の取立てその他の処分の権限を失わず、また、代
位行使の相手方も債務者への履行を妨げられない。

●債権者代位権とは、債権者が自己の財産を保全する必要があるとき
は、債務者の第三者に対する債権を、債務者に代わって行使(代位行
使)することができる制度です。

●旧民法下で、債権者代位権は、債務名義を取得して強制執行制度を
利用すると費用倒れになるような場面において、強制執行制度を補完
する役割を果たしています。

●そこで、新民法では、上図のように被代位権利が金銭の支払いまた
は動産の引渡しを目的とするものであるときは、代位債権者はその支
払いまたは引渡しを自己に対してすることを求めることができ、また、
相手方が代位債権者に対してその支払いまたは引渡しをしたときは、

被代位権利はこれによって消滅する改正がされました。

● 債権者代位権は、裁判外でも行使することができます。ただし、訴訟を提起したときは、債務者に対する訴訟告知（訴訟が提起されたことを利害関係のある第三者に告知する裁判上の制度）が必要になります。そのほか、債務者は自ら取立てをすることができ、相手方は債務者に履行をすることができます。

● そして、このような第三債務者から債務者への弁済を止める方法としては、仮差押え等を行わざるを得ず、回収のためには、確定判決を受けたうえで差押え、第三債務者への取立てを行う必要があります。

● こうした制約はあるものの、裁判外での金銭債権の債権者代位権の利用場面としては、債務者（図のB社）が債務の支払いができないもののC社に対して債権を有している場合で、債権者（図のA社＝金融機関）が相手方（図のC社）と意思疎通ができる場合には有効な回収手段となる場合があると考えられます。

● 【経過措置】債権者代位権について新旧民法の適用を分ける基準時は、貸金返還請求権などの被代位権利の発生時であり、新民法施行日前に発生した被代位権利の代位行使については旧民法が適用されます。

◆債権回収の場面での債権者代位権の利用については、皆さんの金融機関の本部と相談して対応しましょう。

もう少し知りたい ➡ 238頁5

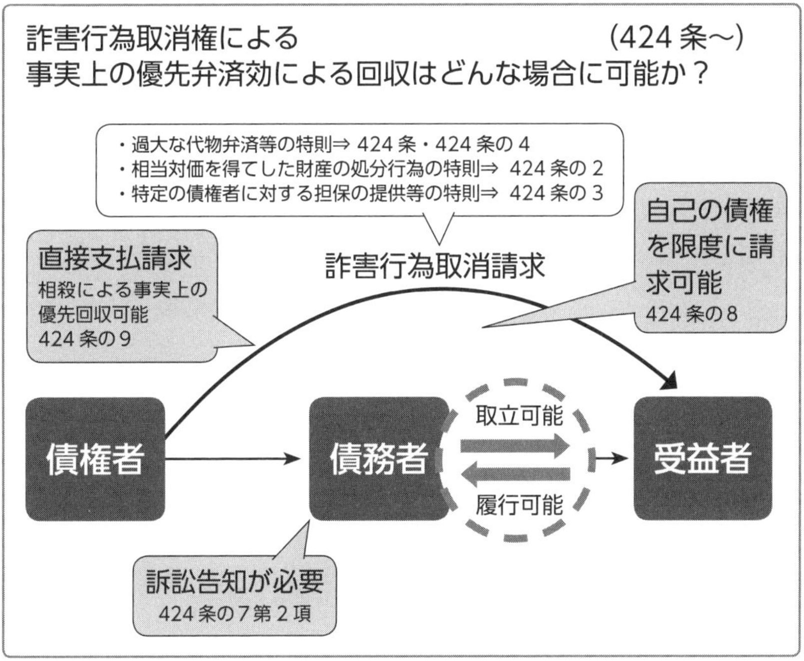

詐害行為取消権による　　　　　　　　（424条〜）
事実上の優先弁済効による回収はどんな場合に可能か？

・過大な代物弁済等の特則⇒ 424条・424条の4
・相当対価を得てした財産の処分行為の特則⇒ 424条の2
・特定の債権者に対する担保の提供等の特則⇒ 424条の3

詐害行為取消請求

直接支払請求
相殺による事実上の
優先回収可能
424条の9

自己の債権を限度に請求可能
424条の8

債権者 → **債務者** → **受益者**

取立可能
履行可能

訴訟告知が必要
424条の7第2項

●詐害行為取消権とは、債務者が債権者（金融機関）を害することを知ってした行為（詐害行為）について、債権者がその取消し等を、裁判所に請求することができる制度です。

●旧民法の下では、例えば、債務超過の金融機関の債務者が、自己が所有する資産を第三者に無償で贈与してした場合に、債権者である金融機関は贈与行為の取消しを、詐害行為取消権により裁判所に請求することができました。

　そして、債権者が詐害行為取消権を行使して自ら金銭の支払いを受けた場合には、その金銭の返還債務と債務者に対する自己の債権とを相殺することが可能でした（事実上の優先弁済効）。

●詐害行為取消権は、旧民法では1条の規定があるのみですが、新民法では詳細な規定が設けられました。

●新民法では、回収手段として用いられることがある詐害行為取消権による事実上の優先弁済効は否定されなかったものの、上図のように

債務者への訴訟告知が必要になりました（訴訟告知とは、訴訟が提起されたことを利害関係のある第三者に告知する裁判上の制度です）。また、詐害行為取消権の請求の範囲は自己の債権に限定されます。

●そのほか、債務者は受益者に請求ができ、受益者は債務者に弁済ができるので、回収の場面での利用は、限定的になるものと思われます。

●債権者（金融機関）としては、債務者が財産を取り戻して費消しないように受益者に対して仮差押えをするほか、債務名義を取得して差押えを検討する必要があります。

●【経過措置】詐害行為取消権について新旧民法の適用を分ける基準時は、詐害行為に当たるとされる法律行為がされた時点になります。これが新民法施行日前であれば旧民法が適用されます。

◆詐害行為取消権を回収の場面で利用する場合には、皆さんの金融機関の本部と相談して対応しましょう。

第 2 章

検査マニュアル廃止と
「コンプライアンス・
　リスク管理基本方針」

1 預金等受入金融機関に係る検査マニュアル廃止と「コンプライアンス・リスク管理基本方針」

　金融検査マニュアル（預金等受入金融機関に係る検査マニュアル）には、顧客保護等管理態勢の確認検査用チェックリストがありましたが、同マニュアルは令和元年12月18日に廃止されました。【135頁参照】

　この廃止によって、これまでに各金融機関が構築してきた顧客保護等管理態勢が否定されるものではありません。

　各金融機関は現状の実務を出発点に、より良い実務に向けた創意工夫を進めやすくすることができます。

　金融検査マニュアルが廃止されることを前提に作成された、法令等遵守態勢や顧客保護等管理態勢として扱われてきた分野を扱う、「コンプライアンス・リスク管理に関する検査・監督の考え方と進め方（コンプライアンス・リスク管理基本方針）（金融庁・平成30年10月）」は、「コンプライアンス・リスク」および「コンプライアンス・リスク管理」につき具体的な定義が置かれていません。【138頁参照】

　そこで、各金融機関は、コンプライアンスは経営の問題であるとの認識を醸成し、コンプライアンスをリスク管理の一環として捉えることや、ビジネスモデル・経営戦略と一体の自金融機関にとっての最適なリスク管理態勢の整備や問題事象の未然予防に向けた自律的な取組みを構築することになります。

　以上のことから、預金等受入金融機関に係る検査マニュアル廃止後の顧客保護等管理態勢については、従来の態勢をもとに、各金融機関自身においてそのビジネスモデル・経営戦略を踏まえ、何が自金融機関にとってのリスクにつながるかを検討する必要があります。

　本書を読まれる皆さんが、自金融機関の各種規程やクレジットポリシー（融資規範）、法令遵守マニュアル、顧客説明マニュアルの内容をマスターすることは、自信をもって営業活動を行うことができるバックボーンになります。

2 監督指針の説明態勢【262頁参照】

　金融機関は、銀行法12条の2第2項および銀行法施行規則13条の7（協同組織金融機関に係る業法でも準用）に基づいて、その業務に係る重要な事項の顧客への説明その他の健全かつ適切な業務の運営を確保するために措置を講じなければなりません。そして、金融庁の中小・地域金融機関向けの総合的な監督指針Ⅱ－3－2－1「与信取引（貸付契約及びこれに伴う担保・保証契約及びデリバティブ取引）に関する顧客への説明態勢」は、金融機関の内部管理態勢の検証を行う際の着眼点を示しています。【136頁参照】

　262頁以降の「付録」では、融資リスクの説明に強くなるために、中小・地域金融機関向けの総合的な監督指針（以下「監督指針」）」の概観を掲載しています。

　この監督指針を見ることを通して、自金融機関の規程・事務取扱要領・マニュアルでは、顧客への説明態勢および相談苦情処理機能がどのように規定されているかを、確認しておきましょう。

　こうした確認をすることは、顧客説明の全体像を把握することができ、自信をもって営業活動をすることにつながると考えられます。

新任担当と融資課長による新民法 Q&A❶

新民法とはどんな法律なのか

新任担当　2020年4月1日に施行された、新民法の勉強を始めたところです。4月から融資課に配属になったので、詳しく教えてください。

融資課長　新民法の改正は大きな改正だから、金融機関職員としても今までの事務対応の延長線上で処理できないので、新しい手順が必要になるから、新任担当君も早くマスターしてほしいね。

新任担当君もベテランも、新民法対応は初めての経験だから、
　通達やマニュアルを1頁・1行でも多く理解すれば、新民法の
　パイオニア、リーダーになるチャンスがある。特に、保証の改
　正は、保証人保護のために設けられた強行法規だから、民法の
　ルールを守らないと契約が無効になってしまうので完全にマス
　ターしないといけないんだ。

新任担当　新民法のパイオニア、リーダーになるチャンスは、ウ
　ェルカムです。けれども、私は先月まで営業係だったのでお世
　話になったお客様の顔を思い浮かべると、こうした改正内容を
　うまくお客様に説明できるか、正直なところ自信がありません。

融資課長　金融機関の職員は、業務として新民法対応の準備をし
　てきたけれど、融資に限らず契約はお客様との合意により成立
　するもので、金融機関が一方的に押し付けるものではないのだ
　から、お客様に改正法対応についてよく説明することが必要に
　なるんだ。

新任担当　そういえば、融資課に着任した時に、融資課長からい
　ただいたファイルの中に、お客様説明についての資料がありま
　した。当金融機関では、融資契約などについてのお客様向け説
　明資料には、（銀行）取引約定書や、金銭消費貸借契約、融資取
　引の説明マニュアルなどがありますね。その資料の中に保証
　Q&Aもありました。

融資課長　そうだね、金融機関の職員が業務を行うための事務取
　扱要領やマニュアルの他に、お客様向けの説明のマニュアルが
　あるので、当金融機関の契約書ではお客様と契約によってどの
　ような約束をしているかについても説明ができるようにしてい
　るんだ。

|金融機関の説明責任と金融検査マニュアル|

新任担当　それが金融機関の説明責任に関係するのですね。

融資課長　金融機関の経営管理を位置づけるものとして、金融検

査マニュアルがあったけれども、これは2019年12月に廃止されたのは知っているね。

　金融庁の「検査マニュアル廃止後の融資に関する検査・監督の考え方と進め方」（令和元年12月）によると、「本来、金融機関の経営陣は、経営理念に基づき、自らの意思と責任をもって、経営資源（ヒト、モノ、カネ（自己資本））を前提に、経営戦略としてどのような種類のリスクをどのような規模・バランスで許容するのかを決定し、また、そのリスクをどのようにモニタリングしコントロールするかという観点から、経営戦略から一貫した形で内部管理態勢を構築することが望ましい。そのため、当局としては、金融機関それぞれの経営理念・戦略が多様であることから、これらに基づく金融機関の内部管理態勢にも多様性があることを理解し、金融機関の個性・特性に着目し、これに即した検査・監督を行っていく。」としているんだ。

　また、「『金融機関の個性・特性』とは、金融機関がどのような経営環境（顧客特性、地域経済の特性、競争環境等）の中で何を目指しているのか（経営理念）、それをどのようなガバナンスや企業文化の下で、どのように具体的な経営戦略、経営計画、融資方針、融資実務、リスク管理、コンプライアンス態勢、自己査定・償却・引当実務として進め、どのような融資ポートフォリオや有価証券ポートフォリオを構築し、どのようなビジネス（顧客向けサービス業務や有価証券運用を含む）からどの程度の収益を上げ、どのような財務状況となっているかの全体像をいう。」としているんだ。

新任担当　なかなか難しい内容ですが、個別の金融機関の個性・特性に着目して、当金融機関のお客様や、取扱商品とそのリスクに応じた態勢を作ればよくなるのですね。

融資課長　そういうことなんだ。当金融機関の個性・特性に着目した方針や態勢は、先日、役員が職員に説明していたとおりだ。

新任担当 お客様への説明については、監督指針に顧客説明について書かれていますね。

融資課長 監督指針は、「行政部内の職員向けの手引書」なんだ。中小・地域金融機関の監督事務に関し、その基本的考え方、監督上の評価項目、事務処理上の留意点について、体系的に整理した「中小・地域金融機関向けの総合的な監督指針」（平成16年5月）が策定されているんだ。

　特に融資に関係があるものとして、監督指針の中の、Ⅱ-3-2-1 与信取引等（貸付契約並びにこれに伴う担保・保証契約及びデリバティブ取引）に関する顧客への説明態勢では、Ⅱ-3-2-1-2 主な着眼点（2）契約時点等における説明として、①商品又は取引の内容及びリスク等に係る説明、②契約締結の客観的合理的理由の説明がある。

新任担当 ①商品又は取引の内容及びリスク等に係る説明では、

ハ　個人保証契約の説明

ニ　経営者等との間で保証契約を締結する場合の説明

ホ　連帯保証契約についての説明

ヘ　経営者以外の第三者との間で個人連帯保証契約を締結する場合の説明

ト　経営者以外の第三者と根保証契約を締結する場合の情報提供

チ　信用保証協会の保証付き融資の説明

がありました。

融資課長 そうした監督指針の説明については、新民法の保証やその他の改正と関係がある事項が多いことがわかるね。新民法によって、顧客説明に注意が必要な点には何があるだろう。

新任担当 「ハ　個人保証契約の説明」では、従来の保証制度の説

132

明のほか、新民法による経営者以外の第三者保証人は公正証書の作成が必要になることを説明することになりますね。

ニについては、（公正証書作成適用除外であることを確認するために）経営者であることの確認資料を提出していただき、表明保証を提出いただくことの理由を説明する必要があります。

ホの連帯保証契約については新民法では改正がないので、従来の説明をすることになります。

への、経営者以外の第三者との個人連帯保証契約は、保証意思宣明公正証書の作成が必要になり、主たる債務者は保証人に対して情報提供義務があるので、その義務の履行を説明し、金融機関は説明義務の履行に関心を持つことが必要になります。

トについては、新民法による債権者である金融機関の保証人に対する情報提供義務が新設されたことからそれを履行するとともに、新民法施行日前に締結された保証契約については、主債務者の同意を得るなどして対応することになります。

ところで、融資の業務フローは、

①【受付・実行】

融資提案や、融資申込みを受けて

審査を行い

稟議書を起案して決裁を受け

融資契約書について顧客説明をして契約締結

②【途上・中間管理】

債務者の変動に応じた契約締結と顧客説明

債務の条件変更等による契約締結と顧客説明

③【融資債権管理・回収】

債務者の業況悪化時の対応と顧客説明

期限の利益喪失事由発生時の対応と顧客説明

法的整理への対応と顧客説明

があります。

正直なところ、民法改正の簡単な解説書で読んで、契約の「パーツ（部品・道具）」としての、個々の改正項目の意味は、なんとなく理解しました。そして、地域金融機関業務に直接関係がなさそうな改正がたくさんあるのもわかりました。そうすると、いざ、融資課の業務をするときに、改正項目の中から宝探しのように、金融機関業務に関係がある上の①から③の融資事務フローには、どの改正項目が影響するのかが、よくわからなくて、実学になるテキストがなくて困っています。

| 実務に役立つ民法の知識 |

融資課長　改正項目を個別に解説する本はたくさん売られているけれど、地域金融機関の融資の業務フローに応じた、新民法解説本は、今のところなかなか見つからないようだ。地域金融機関業務に直接影響がある民法改正は、業界団体などで意見集約がされている。新民法が施行された今となっては、業務フローに落とし込んだ実学・実務的な整理が欲しい時期だな。業務フローに応じた改正項目の理解は、業務遂行だけでなく金融機関の職員が顧客説明責任を果たすためにも必要だから、いつか、誰かがやらなければならないな。

　そうだ、このテキストの140頁には、金融機関の融資の業務フローに応じた、新民法の対応ポイントが掲載されている。

　ときどきこのチェックポイントを見て、業務フローと新民法との関係を確認しておくと、新任担当君が言っていた、法律のお勉強ではなくて、実学で実用的な知識が身に着くので、お勧めするよ。

　新人担当君が手を挙げて、改正法対応のリーダーとなってほしいと思っているんだ。私も応援するから、このテキストで一緒に勉強することにしよう。

【参考1】 金融検査マニュアル
　　　　　（預金等受入金融機関に係る検査マニュアル）
　　　　　（2019 年 12 月廃止）の抜粋

顧客保護等管理態勢の確認検査用チェックリスト

Ⅰ．経営陣による顧客保護等管理態勢の整備・確立状況
　【検証ポイント】
　　・本チェックリストにおいて、「顧客保護等」とは、以下の①から⑥をいい、
　　　「顧客保護等管理」とは、金融機関の顧客の保護及び利便の向上の観点から、
　　　①から⑥を達成するため必要となる管理をいう。
　　① 与信取引（貸付契約及びこれに伴う担保・保証契約）、預金等の受入れ、
　　　商品の販売、仲介、募集等及びその他顧客との間で業として行われる取
　　　引（以下「取引」という。）に関し顧客に対する説明が適切かつ十分に行
　　　われることの確保（経営相談・経営指導等をはじめとした金融円滑化の
　　　観点から顧客説明が適切かつ十分に行われることの確保を含む。）
　　② 顧客からの問い合わせ、相談、要望、苦情及び紛争（以下「相談・苦情等」
　　　という。）への対処が適切に処理されることの確保（経営相談・経営指導
　　　等をはじめとした金融円滑化の観点から顧客からの相談・苦情等への対
　　　処が適切に処理されることの確保を含む。）
　　③ 顧客の情報が漏えい防止の観点から適切に管理されることの確保
　　④ 金融機関の業務が外部委託される場合における業務遂行の的確性を確保
　　　し、顧客情報や顧客への対応が適切に実施されることの確保
　　⑤ 金融機関又はグループ関連会社による取引に伴い顧客の利益が不当に害
　　　されることのないよう利益相反の管理が適切に行われることの確保
　　⑥ その他金融機関の業務に関し顧客保護や利便の向上のために必要である
　　　と金融機関において判断した業務の管理が適切になされることの確保
　【顧客保護等管理方針の整備・周知】

Ⅱ．各管理責任者による顧客保護等管理態勢の整備・確立状況
　【顧客説明管理規程及び顧客説明マニュアルの整備・周知】
　【顧客サポート等管理規程及び顧客サポート・マニュアルの整備・周知】

Ⅲ．個別の問題点

＜説明態勢＞

新しい中小企業金融の取組み

・担保・保証に過度に依存しない取り組みの促進
・過度な第三者保証の防止

↓

貸付に関する基本的な経営の方針（クレジットポリシー等）

反映→

銀行取引約定書ひな型の廃止

優越的地位の濫用等不公正取引との誤認防止

銀行法第12条の2
施行規則13条の7

業務の内容及び方法に応じ、顧客の知識、経験、財産の状況及び取引を行う目的を踏まえた重要な事項の顧客に対する説明その他の健全かつ適切な業務の運営を確保するための措置（書面の交付その他適切な方法による商品または取引の内容及びリスクの説明並びに犯罪を防止するための措置を含む）に関する社内規則等を定める。

↓

従業員に対する研修その他当該社内規則等に基づいて業務が運営されるための十分な体制を整備する。

1．全行的な内部管理態勢の確立
　・取締役会の機能発揮
　・相談苦情処理機能と説明態勢の連携

2．契約時点等の説明
① 商品又は取引の内容及びリスクの説明
　・個人保証契約については、最悪のシナリオ（実際に保証債務を履行する事態）を想定した説明
　・連帯保証契約については、補充性や分別の利益がないことなど、通常の保証契約とは異なる性質を有することについて、相手方の知識・経験に応じた説明
　・第三者との根保証契約について、保証人の要請があった場合における被保証債務の残高等の情報提供　　　等
② 契約締結の客観的合理的理由の説明
　・貸付条件、担保・保証の極度額、第三者保証、経営者の保証等について、顧客から求められれば、事後の紛争等を未然に防止するため、顧客の理解と納得を得ることを目的とした説明態勢
③ 契約の意思確認　⇒　面前自署・押印等
④ 契約書等の書面の交付
　・銀行取引約定書は双方署名方式の採用又は写しの交付
　・契約書等の写しの交付

3．取引関係の見直し等の場合の対応
① 金利の見直し、返済条件の変更、担保追加設定・解除等の場合
　⇒上記2．と同様に、顧客の理解と納得を得ることを目的とした説明
② 顧客の要望を謝絶し貸付契約に至らない場合
　⇒これまでの取引関係や、顧客の知識、経験、財産の状況及び取引を行う目的に応じ、可能な範囲で、謝絶の理由等を説明
③ 延滞債権の回収（担保処分及び個人保証の履行請求を含む）、債権譲渡、企業再生手続き（法的整理・私的整理）及び保証人の個人再生手続き等の場合
　⇒これまでの取引関係や、顧客の知識、経験、財産の状況及び取引を行う目的に応じ、かつ、法令に則り、一連の各種手続きを段階的かつ適切に執行するとともに、求めに応じ、客観的合理的理由を説明

監督上の対応 →

経営として重要な社内規則等の作成自体を怠る等、重大な法令違反のケースは行政処分（例えば業務の一時停止）を検討

（出典）監督指針 「Ⅱ－3－2－1－3 監督手法・対応の（別紙）」
https://www.fsa.go.jp/common/law/guide/chusho/bessi01.pdf

<相談機能>

〈顧客との情報共有の拡大と相互理解の向上に向けた取組み〉

相互の共通理解に向けた
基盤整備

経営相談・支援機能の充実、
強化に向けた取組み

〇銀行側からの意思疎通
借り手企業の業況や財務内容、担保提供を受けた資産の評価等に関する銀行の判断についての説明

〇借り手企業からの意思疎通
経営内容について早め早めに銀行に相談するメリットの説明

・経営改善支援
（経営改善計画、借入金返済計画の策定を含む）
・早期事業再生
に向けた取組みが必要と認められる場合

↓

相互の共通理解のもと、顧客の業況、事業の将来性等についての銀行の判断を率直に説明

<苦情処理・紛争解決機能>
（Ⅱ－3－2－6 参照）

苦情等対処に関する適切な内部管理態勢の整備（社内規則等整備、実施態勢整備等）

金融 ADR 制度への対応に当たり、業務の規模・特性に応じて適切かつ実効性ある態勢の整備

反社会的勢力との絶縁等民事介入暴力対策

〇相談・苦情・紛争等対処の必要性
〇様々な態様の申出（相談、苦情、紛争等）に適切に対処していくことが重要。金融 ADR 制度においては、苦情・紛争それぞれについて適切な態勢整備が求められる（苦情・紛争の相対性・連続性を勘案）。

内部管理態勢の実効性等に疑義が生じた場合は、必要に応じ報告（法第 24 条に基づく報告を含む）を求めて検証し、業務運営の適切性、健全性に問題があると認められれば、①法第 24 条に基づき改善報告を求め、または、②重大な問題があると認められる場合には、法第 26 条に基づき業務改善命令を発出。

（注）この図は監督指針の構成を簡略化して図示したものであり、事務の執行に当たっては、本文を参照されたい。

137

【参考3】コンプライアンス・リスク管理に関する検査・監督の考え方と進め方
（コンプライアンス・リスク管理基本方針）
（金融庁・平成30年10月）抜粋

・本文書は、個別分野ごとの考え方と進め方を示すディスカッション・ペーパーの一環として、利用者保護と市場の公正・透明に関する分野、その中でも特に、法令等遵守態勢や顧客保護等管理態勢として扱われてきた分野を扱う。

・なお、検査・監督基本方針は、平成30年度終了後（平成31年4月1日以降）を目途に検査マニュアルを廃止する予定を示している。

　検査マニュアルには、法令等遵守態勢や顧客保護等管理態勢に関するチェックリストが示されており、金融機関においては、これを踏まえた実務が積み重ねられてきた。

　検査マニュアルの廃止は、これまでに定着した実務を否定するものではなく、金融機関が現状の実務を出発点に、より良い実務に向けた創意工夫を進めやすくするためのものである。

・本文書は、より良い実務に向けた対話の材料とするためのものであり、検査や監督において、本文書の個々の論点を形式的に適用したり、チェックリストとして用いたりすることはしない。また、本文書を用いた対話に当たっては、金融機関の規模・特性を十分に踏まえた議論を行う（特に、小規模金融機関等に対して、不必要に複雑な議論を求めない）。

・パブリックコメントに寄せられたコメントの概要（NO5・6・7）と、コメントに対する金融庁の考え方

　本基本方針は、「金融検査・監督の考え方と進め方（検査・監督基本方針）」を踏まえ、個別分野ごとの考え方と進め方を示すディスカッション・ペーパーの一環として、利用者保護と市場の公正・透明に関する分野、その中でも特に、法令等遵守態勢や顧客保護等管理態勢として扱われてきた分野を扱うものです。その上で、金融機関を巡る環境の急速な変化及び活動の国際化に対応し、また、経営に重大な影響をもたらす不祥事等の発生を防止するためには、最低基準としての法令（業法）等を遵守するだけでなく、各金融機関において、コンプライアンスは経営の問題であるとの認識が醸成され、コンプライアンスをリスク管理の一環として捉えることや、ビジネスモデル・経営戦略と一体の自社にとっての最適なリスク管理態勢の整備や問題事象の未然予防に向けた自律的な取組みがなされること等が期待されます。

　このような背景に鑑み、各金融機関自身において、そのビジネスモデル・経営戦略を踏まえ、何が自社にとってのリスクにつながるかを検討していただく必要があることから、本基本方針では「コンプライアンス・リスク」及び「コンプライアンス・リスク管理」につき具体的な定義を置いておりません。

第3章

営業店の皆さんが
日常業務で
【もう少し知りたい】ときの

民法改正と
取引の相手方・
融資取引契約の
チェックポイント

法律の解説書では、法律の条文の順番に沿って、解説がされています。そうすると、金融機関の実務ではどの場面で、どの条文を使うのかがわかりにくくなってしまいます。

　しかし、本書は、金融機関の実務に役立つ実用的な新民法の解説をします。そこで、本書では、金融機関の営業店の皆さんが新民法を理解しやすいように、金融機関の一般的な事務取扱要領の順番に新民法の主な改正内容を分類して一覧表にしました。

　第1章の解説と合わせて、改正項目のチェックに利用してください。

1 融資事務フローに関する民法債権法の改正項目

　民法改正項目を、融資事務フローに織り込んで、可視化しましょう。

　フローを見れば、営業店ではどの場面で使う改正項目かが見える化できます。

一般的な事務取扱要領の構成			掲載頁	民法（債権法）改正項目	皆さんの金融機関の対応方法を確認してみましょう
1.融資の受付から実行まで	契約締結	意思の確認	149	☑法律行為の意思表示のときに意思能力を有しない者の法律行為は無効（3条の2）をチェック	
			27、150	☑制限行為能力者が他の制限行為能力者の法定代理人としてした行為は取り消すことができる（102条）をチェック	
			27、151	☑相手方が意思表示を受けた時に意思能力を有しなかったとき等は、その意思表示をもって相手方に対抗できない（受領能力）（98条の2）（みなし到達は不可）をチェック	

		取引の相手方に関する留意点	27、149(3)、151	☑意思能力、意思表示の受領能力の改正をチェック（3条の2、98条の2）	
		保証	49、197	☑事業融資の担保提供者を連帯保証人とする（している）場合には、保証意思宣明公正証書作成の適用除外に該当しないと公正証書の作成が必要になる。	
			49、54、199	☞事業融資において経営者以外の個人第三者保証は、保証意思宣明公正証書の作成が必要になる	
			54、82、219	☞上記の、経営者でない第三者保証人に対し、債務者は情報提供義務を負っている。	
			65、89	☞公証人は、財産状況等について、保証意思宣明公正証書に附属書類として連綴する。（法務省・公証事務通達）	
			80、88、206(4)、223(3)	☞表明保証や説明資料を確認する。 ◆保証人様（注・第三者保証）の公正証書作成準備についてのお願い【イメージ】 　保証人予定者様は、当金融機関との保証契約締結に先立つ1か月前に、保証意思を確認する公正証書を、公証役場で作成していただく必要があります。 　保証契約締結日までのスケジュールをご確認いただくようお願いします。 　保証人様は、この公正証書作成に先立って、債務者様から一定の事項の情報提供を受けていただくことになります。 　わからない点は、金融機関にお問い合わせください。	

			49、197	☞事業融資において経営者以外の個人第三者保証は、保証意思宣明公正証書の作成が必要になる	
			88、224	☑保証の「委託」の有無により、債務者保証人に対する情報提供義務、保証人からの請求による金融機関の情報提供義務に違いが出るので、保証契約や、保証条項の見直しをチェック	
			54、204	☑公正証書作成適用除外の経営者をチェック（465条の9）	
			63、76、208	☑保証意思宣明公正証書の作成・変更をチェック（465条の6）	
			82、85、219	☑保証人に対する情報提供義務をチェック（債務者（465条の10）、債権者（458条の2、458条の3））	
			93、96、104、196、238	☑連帯保証人の一人に対する請求が相対効化への対応をチェック（旧法434条、458条、441条）	
実行に際しての留意点	実行時の検証		32、155	☑書面による消費貸借は諾成的に契約が成立（587条の2）をチェック	
			35、36、155	☑新民法下で要物契約とする場合は、金銭の交付をもって契約が成立する旨を契約書に明記することが考えられることをチェック	
科目別管理上の留意点	手形貸付の管理		164（3）	☑利息の合意について、（消費貸借の利息は特約が必要に準じて）方法を検討	

		証書貸付の管理	32、155	☑書面による消費貸借は諾成化。契約書改訂（587条の 2）対応をチェック	
			32、36、155	☑要物契約とする場合は、顧客説明態勢をチェック	
			17、167、199	☑住宅ローン契約は、定型約款と、改正法の消費貸借の説明が必要。	
			52、167-7	☞店舗併用や事務所併用の住宅ローンは、居住部分の面積が 1 ／ 2 以上でも、事業融資となり、第三者の保証人は保証意思宣明公正証書の作成が必要となる。	
			22	☞当金融機関「所定」としている契約の重要な要素があれば（金利・手数料など）、変更する際には、定型約款同様の取扱いが必要。	
		商業手形割引の管理	164（3）	☑利息の合意について、（消費貸借の利息は特約が必要に準じて）方法を検討	
		支払承諾の管理	48、184（3）	☑個人根保証契約として保証極度額の設定をチェック（465条の 2）	
2. 担保の管理	預金担保の管理		51、201（2）	☑事業融資の第三者提供預金担保の保証は公正証書作成が必要（465条の 6）をチェック	
	不動産担保の管理	行為能力の確認	149	☑法律行為の意思表示のときに意思能力を有しない者の法律行為は無効（3条の 2）をチェック	
			27、150、151	☑制限行為能力者が他の制限行為能力者の法定代理人としてした行為は取り消すことができる（102条）をチェック	

	債権担保の管理	金銭債権担保	37、172-2	☑譲渡制限特約があっても債権譲渡は有効（466条2項）をチェック	
			42、172-2	☑取引契約に違反すると金融機関にはコンプライアンス、コミングリングリスク、風評リスク等があることをチェック	
			46、171 (3)、243 (2)	☑異議をとどめない承諾制度廃止（旧法468条1項）をチェック	
	債権担保の管理	入居保証金担保	170	☑賃貸借の敷金の改正（622条の2）をチェック	
3. その他の融資事務管理	届出事項の変更		91、225	☑変更届出義務条項があることをチェック（みなし到達）（97条2項）	
			114、153、250-4	☑行方不明を（銀行）取引約定書の期限の利益当然喪失条項としている場合には、行方不明であることを金融機関が「知ったとき」として、時効改正の主観的起算点と平仄を合わせることを確認	
	付随業務等	自金融機関預金への質権設定承諾	26	☑質権設定の対抗要件改正（異議をとどめない承諾制度廃止）をチェック	
	店内検査	基本的な考え方	32、155-5	☑書面による消費貸借は諾成契約となったことから内容をチェック	
			35、36、156	☑要物契約とする場合は、融資日＝契約日となるようにし、消費貸借契約が金融機関による金銭の交付をもって成立しその効力が生じることに同意します、などの条項を検討する。	

4.途上管理	日常管理		82、88、223(3)226(4)	☑保証・「委託ある」保証人の債務の履行状況の情報提供請求対応をチェック（458条の2）	
			76、215-12	☑保証・主債務の不利益変更と公正証書の再作成をチェック	
			153	☑新民法の充当規定は、約定書の合意による弁済の充当が優先（489条、490条）をチェック	
			182	☑保証人の主債務者と主債務との相殺の抗弁について改正内容をチェック（457条）	
	相手方の変動	相続	99、101、104、232	☑新民法の債務引受（併存的（470条）・免責的（472条））の利用方法をチェック	
		法人成り	99、101、104、232-1	☑新民法の債務引受（併存的（470条）・免責的（472条））の利用方法をチェック	
5.債権管理	倒産発生時の対応	保証のチェック	65、76、208、215	☑保証意思宣明公正証書がある場合には債務内容と合致しているか、不利益変更があるかをチェック	
	期限の利益喪失	期限の利益喪失	90、226(4)	☑保証人への通知が必要とする改正法をチェック（458条の3）	
			114、153	☑旧民法の取引約定で行方不明が当然喪失の場合には「知ったとき」に改訂をチェック	
		相殺	109、242-2	☑無制限説が明文化、自働債権範囲拡大をチェック（512条）	
			109、111、243(2)	☑金融機関が譲受人の債権譲渡では、債務者が相殺できる債権の範囲が拡大しているので、相殺の抗弁等を受けないための抗弁放棄の承諾の内容をチェック	

			182	☑保証人の相殺の抗弁（457条）は、保証の相殺禁止約定に影響ない	
時効	消滅時効	114、115 250-4	☑時効期間（主観5年／客観10年）をチェック（166条）		
	時効中断の手続	117、118、122、255	☑時効完成猶予・更新に改正をチェック（144条）。経過措置をチェック（二重管理が必要）		
		117、121、252	☑仮差押え・仮処分は、時効完成猶予に格下げ（147条）をチェック		
		117、255	☑改正民事執行法の財産開示手続による時効更新を追加（148条1項4号）をチェック		
		117、118 251(2)	☑新民法の更新、時効完成猶予の内容をチェックしマニュアルを改訂（144条）		
		119、253(6)	☑新民法で新設された協議の合意による時効完成猶予をマニュアルに追加（151条）		
仮差押え	仮差押え	117、121、252(3)(4)	☑仮差押え、仮処分は時効完成猶予にランクダウンしたことをチェックしマニュアルを改訂（147条）		
第三者による弁済	弁済時の留意点		☑改正法の内容をチェックし、マニュアル作成をチェック（474条）		
	代位の手続	105、107、237	☑第三者弁済により代位することをチェック（債権者の承諾不要）（499条）		

6.預金ほか	定型約款	変更条項	23、24、167	☑全銀協の参考書式を確認する 「○.（規定の変更） 　(1)　この規定の各条項その他の条件は、金融情勢の状況の変化その他相当の事由があると認められる場合には、当行ウェブサイトへの掲載による公表その他相当の方法で周知することにより、変更できるものとします。 　(2)　前項の変更は、公表等の際に定める適用開始日から適用されるものとします。」	
	預金等	届出事項	27、28 150、151	☑全銀協の参考書式を確認する 第○条（成年後見人等の届け出） 　①　家庭裁判所の審判により、補助・保佐・後見が開始された場合には、直ちに成年後見人等の氏名その他必要な事項を書面によってお届けください。預金者の成年後見人等について、家庭裁判所の審判により、補助・保佐・後見が開始された場合も同様にお届けください。 　②〜⑤略	

| 定期預金等 | 満期前払戻し | 29、30、109 | ☑全銀協の参考書式を確認する
4．（利息）
　（1）（2）略
　（3）　この預金を第5条第1項により満期日前に解約する場合には、その利息は、預入日から解約日の前日までの日数について次の預入期間に応じた利率（小数点第○位以下は切り捨てます。）によって1年複利の方法により計算し、この預金とともに支払います。
　（略）
5．（預金の解約、書換継続）
　（1）　この預金は、当行がやむを得ないと認める場合を除き、満期前の解約はできません。
　（2）　この預金を解約または書替継続するときは、当行所定の払戻請求書に届出の印章により記名押印してこの通帳とともに当店に提出してください。ただし、元金に利息を加えて書替継続するときは、この通帳のみでも取り扱います。この場合、届出の印鑑を引き続き使用します。 | |

2　顧客の権利能力・行為能力

　融資取引にあたっては、顧客（借主・保証人等）の権利能力・行為
能力を確認しましょう。

(1) 取引の相手方

　金融機関が融資取引をする場合には、金融機関と借主が、契約に基
づいた権利を取得し、義務を負担する法律上の資格があることが必要
です。融資取引の借主には、人（個人・自然人＝法人でない）と、株
式会社などのような法人があります。

　そこで、融資取引の可否を検討するにあたっては、まず、人（個人・
自然人＝法人でない）あるいは法人が、融資を受ける資格（権利能力
＝融資取引の権利を有し義務を負う）があることを確認する必要があ
ります。

　取引にあたっては、本人確認を、個人の場合は実印と印鑑証明、法
人の場合は会社の定款や商業登記簿謄本により確認します。

(2) 人（法人でない自然人）の権利能力

　人（自然人）が、権利を有し、あるいは義務を負うことができる法
律上の資格（権利能力）は、出生により生じます。

(3) 人（自然人）の「意思能力」と「行為能力」

　人は原則として、自己の意思に基づいてのみ、権利を取得し、義務
を負担します。そこで、人が融資契約などの法律行為をするには、法
律行為の結果を判断することができる精神能力＝意思能力を有するこ
とが必要です。

　人（自然人）には、意思能力と行為能力があります。

　①「意思能力」は、自分の法律行為の結果を判断することができる

能力です。

　新民法では、従来の解釈を条文化して、「法律行為の当事者が意思表示をした時に意思能力を有しなかったときは、その法律行為は、無効とする。」とされました（3条の2）。

　新民法により、金融取引で意思能力がなかったとして、契約の無効を主張する条文上に根拠ができたことになるので、高齢者などとの取引にあたっては、今まで以上に相手方に意思能力が十分に備わっているかをチェックすする仕組みを整え、確認する必要があります。

　②「行為能力」は人（自然人）が単独で有効な契約などの法律行為を行う資格です。

　人（自然人）には、法律行為を制限されている「未成年者、成年被後見人、被保佐人および民法17条1項の審判を受けた被補助人」（「制限行為能力者」といいます）があります。制限行為能力者との取引にあたっては、登記事項証明書により、成年後見人・保佐人・補助人の代理権の権限範囲を確認して代理人等と取引をしないと、取引が取り消されるおそれがあるので注意が必要です。

　a. 未成年者では法定代理人（親権者・未成年後見人）の同意
　b. 成年被後見人との取引では審判で選任された成年後見人の代理
　c. 被保佐人との取引では審判により選任された保佐人の同意
　d. 被補助人との取引では審判により選任された補助人の同意・代理

(4) 代理人の行為能力【27頁参照】

　例えば、被保佐人の保佐人や被補助人の補助人が取引をする場合に、その保佐人や補助人が制限行為能力者になる場合も考えられます。

　新民法では、制限行為能力者が制限行為能力者の法定代理人としてした行為は、取り消すことができます。

　そこで、全銀協の定期預金規定ひな型の改正の「成年後見の届出に係る参考規定」では、従前の届出条項に加えて、「預金者の成年後見人

等について、家庭裁判所の審判により、補助・補佐・後見が開始され
た場合も同様にお届けください。」としています。保佐人等が制限行為
能力者であるかを都度確認することは少ないと思われますが、この規
定変更や、保佐人等の届出に際して正当な代理人であることの表明保
証を徴求することによってトラブルを防ぐ方法が考えられます。

(5) 意思表示の受領能力【27頁参照】

新民法では、意思表示を受領した時に相手方が意思能力を有しなか
ったときは、その意思表示の効力を対抗できません（意思能力が回復
した相手方または行為能力者となった相手方がその意思表示を知った
後は、表意者はその意思表示を相手方に対抗できます）。なお、意思能
力を有しなかったことの立証は相手方がすることになります。

金融機関の取引期間が経過する中で、金融機関が債務の履行請求や
契約の解除をしたときに、後日、相手方から意思能力を欠いていたの
で履行請求や契約の解除が無効だと主張されるおそれがあります。こ
の場合はみなし到達の規定は意思能力を欠く者に対しては効力を生じ
ないと考えられます。

そこで、意思表示の受領能力の有無について確認のうえ、履行請求
や契約の解除の意思表示を行うことが検討課題になります。

皆さんの金融機関の、意思能力・行為能力や制限行為能力者との取
引方法や、意思表示の受領能力の確認方法について、事務取扱要領や
マニュアルで確認しておきましょう。

----

(6) 法人の権利能力・行為能力

法人の権利能力は、「法令の規定に従い、定款その他の基本約款で定
められた目的の範囲内において」、権利を取得し、義務を負担します

（民法34条）。

　法人の種類としては、（一般・公益）社団法人・（一般・公益）財団法人、公益法人（学校法人・宗教法人・社会福祉法人・医療法人など）、営利法人（株式会社・合同会社など）、独立行政法人などがあります。

　金融機関で取引をすることが多い株式会社や（特例）有限会社などでは、保証や、担保提供について、取引上注意が必要です。

　株式会社等では、どのような会社組織とするか（機関設計＝取締役会を設けるか、監査役会を設けるか、監査役等委員会設置会社とするか、指名委員会等設置会社とするか等）を選択することができます。

　そこで、会社の定款や商業・法人登記簿謄本・登記事項証明書、取締役会や株主総会議事録により、機関設計と、会社のすべての行為をすることができる代表機関（法律で定められた人（自然人））を確認する必要があります。

　株式会社の取引では、取締役の借入れに対して会社が保証や担保提供をする場合や、多額の借財や重要な財産の処分を行う場合等には取締役会の決議が必要になる場合があるので、注意が必要です。

　公益法人との取引では、設立の根拠となる法律を確認して、商業・法人登記簿謄本・登記事項証明書を確認し、代表者、決議方法や、寄付行為・規則・定款を確認し、必要に応じて議事録等を徴求します。

3　融資取引の契約書

(1) （銀行）取引約定書はどんなものか

　融資取引全般と手形取引についての約束事項を定めた取引基本契約書が、（銀行）取引約定書です。平成12年4月に全国銀行協会は「銀行取引約定書ひな形」を廃止し、多くの金融機関では、（銀行）取引約定書の改訂作業が行われています。

　各金融機関の取引約定書の主要事項としては、期限の利益の喪失条

項（当然喪失条項・請求喪失条項）、手形割引の買戻しに関する条項、
（逆）相殺に関する条項、弁済充当に関する条項、暴力団排除条項があ
ります。

　新民法の改正によってこの約定書の大きな改訂はされていないもの
と思われます（なお、債務者が行方不明になった場合を、期限の利益
当然喪失条項としている場合には、新民法の時効の起算点との関係か
ら、金融機関が債務者が行方不明であることを「知ったとき」と、改
訂する場合があります【250頁４参照】）（そのほか、約定書等での、合
意による弁済充当は、新民法の指定充当や法定充当に優先することが
明文化されました）。

　なお、金融庁の「中小・地域金融機関向けの総合的な監督指針」の
「Ⅱ－３－２－１－２（2）④」では「イ．銀行取引約定書は、双方署
名方式を採用するか、又はその写しを交付することとしているか。」が
あります。

(2) それ以外の契約書

　手形貸付と手形割引以外の融資取引では、（銀行）取引約定書のほか
に、金銭消費貸借契約証書や、当座勘定貸越約定書、支払承諾約定書
などを作成します。

4 融資取引の種類

　一般的な融資には以下の種類があります。

　①手形割引
　手形割引とは、商取引の代金支払等として受け取った約束手形や為
替手形を金融機関が買い取ることです。手形を買い取った金融機関は
売買した手形の所持人として手形債権を行使することができ、（銀行）

取引約定書では、所定の場合には融資先に対して買戻し請求ができる特約をしています。

②当座貸越

当座貸越は、当座預金の取引先が預金の残高を超えて振り出した手形や小切手を金融機関の資金をもって支払うことによって成立する融資方法です。

当座貸越の法的性質については諸説がありますが、当座勘定貸越約定書により対応が可能です。

③支払承諾

支払承諾は、取引先が第三者に対して負担する債務を金融機関が保証する方法です。

④代理貸付

代理貸付は、金融機関が他の金融機関より委託を受けてその代理人となって行う融資です。

⑤証書貸付

証書貸付は、融資にあたって金銭消費貸借の契約内容を明確にするために金銭消費貸借契約証書などの証書を作成する方法です。証書貸付は、比較的長期の事業性融資や、消費者ローンなどに利用されます。

そして、消費者ローン契約書は、新民法で新設された定型約款に該当します。一方、事業性の金銭消費貸借契約証書は定型約款に該当しません。【16頁参照】

5 金銭消費貸借契約の新民法による改正点
【32頁〜参照】

（1）書面による消費貸借契約は新民法では諾成契約になった

　金融機関の与信取引には、手形割引、貸付金（手形貸付、証書貸付、当座貸越）、債務保証、外国為替等の多様な取引があります。こうした取引の法律関係はさまざまですが、証書貸付や手形貸付は消費貸借契約です。

　金融機関取引では証書貸付を金銭消費貸借契約証書により契約しますが、旧民法では、金融機関が融資金を借主に交付したときに消費貸借契約の効力が生ずることから、要物契約と呼ばれています。消費貸借の効力としては、借主は返還義務を負います。

　新民法では、次頁図③のように書面によらない消費貸借契約は旧民法同様要物契約としていますが、次頁図①のように書面による消費貸借契約は、貸主である金融機関が現実に融資金を貸主に交付しなくても、契約が成立する諾成契約になりました。そして、書面による消費貸借契約の内容として、金融機関が融資金を交付することを約束し、借主が融資金を返済することを約束すると、諾成的に消費貸借契約が成立し、貸主である金融機関は「貸す義務」を負うことになります（ただし借主は借りる義務を負いません）。この金融機関の貸す義務は、借主にとっては借りる権利としての債権になるので、借主はこの債権を譲渡することができ、第三者はこの債権を差押さえることもできます。

　他方で、この消費貸借の民法の条文は、契約当時者が民法の規定と異なる合意をすることができる「任意規定」【12頁参照】なので、次頁図②のように書面による消費貸借契約であっても、融資金を交付してはじめて契約が成立する要物契約とすることもできます。

　こうして、新民法下では、次図の①〜③の消費貸借契約が存在することになります。

155

消費貸借契約は、どの時点で成立するのか

消費貸借契約	書面による契約		書面によらない契約
契約成立時期	諾成契約	要物契約	要物契約
金融機関の貸す義務の発生時期	契約締結の時	融資金を借主に交付した時	融資金を借主に交付した時
申込キャンセル	できる（損害賠償を請求されることがある）	契約は成立していないので可能	契約は成立していないので可能
	①	②	③
①の契約条項の例	債務者は金融機関から次の要項により金銭を借り入れることを申し込み、金融機関は貸し出すことを承諾した。（契約日＝契約成立日）		
②の契約条項の例	債務者は、この金銭消費貸借契約が金融機関による金銭の交付をもって成立し、その効力が生じることに同意する。（契約日＝貸出日）		

新任担当と融資課長による新民法 Q&A ❷

新民法では3種類の消費貸借がある

新任担当 　消費貸借契約は、金融機関では金銭消費貸借契約としてよく使いますが、旧民法の融資金を現実に実行したときに消費貸借契約が成立するという要物契約が、新民法では、書面による消費貸借契約は諾成契約になったということなんですね。そうすると、消費貸借契約には、①書面による諾成契約と、③書面によらない要約契約の2つしかないことになると思うのですが、なぜ②の消費貸借契約があるのでしょうか。法律違反とならないのでしょうか。【12頁参照】

融資課長 　コンプライアンス研修が行き届いているので、法律は守らなければならないという考えは大事だね。けれども、新民法の主に契約についての条文は、保証などを除き大部分が任意規定と言われているんだ。

　契約自由の原則という言葉を聞いたことがあると思うけれど、

契約は当事者が他の法律に違反しない限り自由に決定すること
ができるものなんだ。これに対して保証は、強行法規といわれ
ていて、民法の規定を守らないと、契約が無効になってしまう
んだ。そこで、保証についての経営者の範囲を確認し、第三者
保証は保証意思宣明公正証書を作成する手順をしっかり勉強し
て、マスターできたね。

新任担当 民法のうち、任意法規の条文は、当事者が民法の規定
と異なる合意（契約）をすることができる、任意規定【12頁参
照】であることは、なんとなくわかりました。それでは、新民
法が書面による消費貸借契約を諾成契約としても、前頁の図②
のように旧民法と変わらず、要物契約とすることもできるとい
うことなのですね。普通に考えたら、新民法で書面による消費
貸借契約は諾成契約に変わったのだから、当金融機関の書面に
よる金銭消費貸借契約も諾成契約にすればよいと思うのですが、
諾成契約にすると何か不都合でもあるのですか。

[諾成契約の消費貸借]

融資課長 いい質問だね。新民法では、書面による消費貸借契約
は、金融機関が融資金を交付することを約束し、借主が融資金
を返済することを約束すると、金融機関に「貸す義務」が発生
することが検討課題になるんだ。金融機関に貸す義務が発生す
るということは、借主の立場からは、「借りる権利」が発生する
ことになるんだ。そして、この「借りる権利」は債権だから、第
三者に譲渡することもできるし、第三者が差押さえることも可
能なんだ。そうすると、権利関係が複雑になるおそれがあるね。
そこで、金融機関自身が貸す義務を契約によって管理すること
ができるようにしたのが、新民法の下で考えられた要物契約の
消費貸借なんだ。新任担当君には、まだちょっと難しいかな。そ
れでは、視点を変えて、日常業務で、融資案件の申込みがあっ
てから、融資を実行するまでの事務フローを思い出してみよう。

新任担当　①お客様から融資の申込みがあったら、資料をそろえて稟議書を起こします。②その稟議書は課長や支店長の決裁を受けて、決裁ランクによっては本部の決裁を受けます。③決裁後にお客様に連絡して必要書類や担保・保証の条件を確認して、契約書を実行日前に預かります。④預かった契約書類を点検して、実行日まで金庫に格納します。

融資課長　契約書は事務取扱要領に従って、実行日まで保管することになる。それでは、稟議決済を受けた時から実行予定日までは何日くらい日数があるだろうか。

新任担当　案件にもよりますが、1週間から10日間くらいではないでしょうか。

要物契約の消費貸借とする理由

融資課長　10日間くらいの間だけれど、借主や保証人などの状況が、稟議決裁時に比べて悪化していたら新任担当君はどう対応するかな。金銭消費貸借契約証書を預かってから融資実行日までの間に、（銀行）取引約定書の期限の利益の当然喪失事由に該当する場合は、実行ができないことは明らかだな。それでは、例えば、借入人についての信用不安の噂を当金融機関がキャッチしたり、粉飾決算の疑いの情報を入手したり、借主の主要な取引先に信用不安が発生した場合のように、確実な情報ではないけれども、稟議決裁を受けた時点と債務者の状況が変わったり、将来的な事業継続に不安が発生していた場合は、どうだろうか。融資実行を取りやめる決断をしなければならない事態もないとは言えないね。

　このように、金銭消費貸借契約証書を金融機関が債務者から預かった後に、借主の信用状況が変化する可能性がありうるので、契約書を預かった時点では金銭消費貸借契約は成立しない契約として、現実に融資金を借主に交付したときに金銭消費貸借契約が成立する契約内容として、金融機関自身が「貸す義務」

の発生時期を管理できる状態に保っておく必要があると考えられたんだ。

新任担当 せっかく新民法で、書面による消費貸借契約は諾成契約になったのだから、信用不安の疑いが発生した時は、融資を実行しないという契約条項を作ればよいと思うのですが、どうでしょうか。

融資課長 なかなか厳しい質問だね。新任担当君も勉強が進んで、私もタジタジだよ。確かに、そうした契約条項を借主ごとの事情を勘案して作ることは考えられるけれども、地域金融機関で借主のお客様ごとに契約条項を作ることは不可能ではないとしても、お客様借主ごとに契約条項を作成することは、負担が大きいと考えられるね。結論としては、こうした中小企業事業融資の実情を考えると、書面による金銭消費貸借契約を新民法の諾成契約でなく、旧民法同様の要物契約とすることに合理性があると考えられるね。

新任担当 私は融資課の経験が浅いので難しい対応をしたことはないのですが、課長の経験を聞くと、要物契約がよいのだとわかりました。そこで、もう一つ疑問が出たのですが、金融機関はそうした理由から書面による消費貸借契約を、新民法では諾成契約になったけれども、当金融機関では要物契約とすることを、当金融機関が決めれば、それだけで要物契約だといえるのでしょうか。消費貸借の民法の条文は任意規定【12頁参照】なので要物契約とすることもできるとは思いますが、契約というのは、契約の当事者である借主と金融機関が合意して成立するのではないでしょうか。

| 要物契約の消費貸借の顧客説明 |

融資課長 いいところに気が付いたね。新任担当君が言うように契約は借主と金融機関が「合意」して成立するものだ。

ここまでは、金融機関自身が「貸す義務」の発生時期を管理

できる状態に保っておくための理由を説明したけれども、借主のお客様に契約の内容を理解していただけるように説明することが重要だね。

新任担当 民法改正の報道などでは、書面による消費貸借契約は、諾成契約になって、契約が成立すれば金融機関は融資義務を負うことが、ニュースや新聞・雑誌でPRされていますね。お客様がそうしたニュースなどによって、新民法では書面による消費貸借契約は諾成契約になったのだから、金融機関が金銭消費貸借契約証書を受け取る際に何の説明もしなかったら、金融機関は金銭消費貸借契約証書を預かった時点で融資義務を負ったのだ、と誤解されないように、金融機関は説明しなくてはいけなくなります。

　お客様目線の新民法に対応した説明としては、当金融機関の契約内容をお客様に説明できるようにすることが大事なのですね。

融資課長 金銭消費貸借契約の文言や、契約日を実行日とする日付の表示が156頁の図の②の契約条項の例のように改訂されたけれども、そうした改訂は、当金融機関の金銭消費貸借契約は、実際に借主に融資金を交付したときに契約が成立するもので、新民法による書面による消費貸借契約は諾成契約となるものとは異なることを契約で表しているんだ。

　そこで、金融機関の職員は、契約書の改訂理由を事務取扱要領やマニュアルをマスターするとともに、お客様にその趣旨を説明するスキルが重要になり、お客様の信頼を得ることにつながると考えられるね。【36頁参照】

【旧民法下の消費貸借】

　消費貸借契約は金銭の交付を成立要件とする要物契約ですが、判例では諾成的な消費貸借契約も認められており（最高裁判所昭和48年3

月1日判決）、実務では多く行われていますが明文規定はありません。

【新民法下の消費貸借】

①　書面による消費貸借契約は諾成契約になる

消費貸借契約のすべてを諾成契約とせず、書面でする消費貸借契約に限って諾成契約としています（新民法587条の2）。書面でする消費貸借契約に限った理由としては、軽率な契約の成立を防ぐためです。

諾成型消費貸借契約により金融機関は貸主として「貸す義務」を負い、借主には「借りる権利」が発生します。

金融機関の事務フローでは、融資案件があると、稟議決裁を受けて、実行日の数日前に契約書類を預かって不備がないかの点検を行い、実行日まで保管することが一般的です。しかし、金融機関が諾成契約として「貸す義務」を負うのは、書面に（消費貸借の詳細な内容まで具体的に記載されている必要はありませんが）、金銭その他の物を貸す旨の貸主の意思、およびそれを借りる旨の借主の意思の両方が表れている必要があります（なお、手形貸付も書面ですが、この双方の意思が表れていないので、諾成契約にならないと考えられます）。

こうした、書面に貸主の貸す意思と借主の借りる意思が表れている諾成契約の金銭消費貸借契約に対する金融機関の対応としては、「貸す義務」を適切に金融機関が管理するために、契約締結日から実行日までの間に期限の利益喪失事由や信用不安事由などが生じた場合等に備えて契約解除事由を設けることが考えられます。

その解除事由としては、取引約定書の期限の利益喪失条項のほか、契約書受領後に借主の業況が急激に変化した場合に対応できるよう、融資実行の前提条件・表明保証・借主の義務などについて、借主の業種や規模に応じた条項を検討することになります。そのほか、諾成契約では借主には「借りる権利」が発生し、この権利は債権であることから、差押えや譲渡ができます。そこで、諾成的消費貸借契約ではこれらの事由に該当する場合には融資実行をしないことを契約条項で明確にする必要があります。

② 新民法下で、書面による消費貸借契約を要物契約とすることも
可能

新民法により書面による消費貸借契約が諾成契約になった場合には、金融機関は借主ごとに契約書による手当てが必要になり、事務上の大きな負担になることが予想されます。

そこで、新民法の消費貸借の条文は、当事者が民法の条文と異なる合意をすることができる「任意規定」【12頁参照】であることから、地域金融機関では、書面による消費貸借契約を要物契約とすることが多いと思われます。

③ 新民法下で、書面による消費貸借契約を要物契約とする場合の
顧客説明

新民法下で、書面による消費貸借契約を要物契約にする場合について疑問を聞くことがあります。

つまり、旧民法は要物契約なので、新民法施行後も要物型の消費貸借とするのであれば、契約書を改訂しなくてもよいのではないかという意見があります。

旧民法下の金銭消費貸借契約は差入方式なので、双方署名方式ではない金銭消費貸借では、融資義務は発生しないとの意見もあります。

他方で借主が金融機関に書面を差し入れることによって、金銭の交付を停止条件として、借主が金銭を返済する債務を負うという停止条件付消費貸借契約が成立しているという考え方もあります。

このような考え方がある中で、事後に契約成立時期についてのトラブルとなりうることから、契約内容を変更して、契約の成立時期を明確にすることが考えられました。

金融機関の職員は契約改訂の趣旨を理解し、お客様に説明することができるようにする必要があります。

(2) 金銭消費貸借契約を要物契約とすることの顧客説明と監督指針

下記の監督指針では、業務の内容・方法に応じた社内規則による説

明態勢の明確化、中小企業の実態に即した顧客の知識等に応じた社内
規則等による説明態勢があげられています。

【参考：監督指針抜粋】

中小・地域金融機関向けの総合的な監督指針（令和2年6月）では、
顧客への説明態勢が規定されています（Ⅱ－3－2　利用者保護等Ⅱ
－3－2－1　与信取引（貸付契約及びこれに伴う担保・保証契約及
びデリバティブ取引）に関する顧客への説明態勢　Ⅱ－3－2－1－
2　主な着眼点）

(1)全行的な内部管理態勢の確立

　②法令の趣旨を踏まえた社内規則等の作成

　イ．業務の内容及び方法に応じた説明態勢が社内規則等で明確に定
　　められているか。

　　　与信取引には、例えば、手形割引、貸付金（手形貸付、証書貸付、
　　当座貸越）、債務保証、外国為替等多様な取引があり、……それ
　　ぞれの類型に応じた態勢整備がなされているか。

　ロ．顧客の知識、経験、財産の状況及び取引を行う目的に応じた説
　　明態勢が社内規則等で明確に定められているか。

　　　特に、中小企業や個人については実態に即した取扱いとなって
　　いるか。

(2)契約時点等における説明

　②契約締結の客観的合理的理由の説明

　（顧客から求められれば説明する態勢）として、

　イ．貸付契約

　　　貸付金額、金利、返済条件、期限の利益の喪失事由、財務制限
　　条項等の契約内容について、顧客の財産の状況を踏まえた契約締
　　結の客観的合理的理由

チェックポイント

　新民法施行後の皆さんの金融機関で、書面による金銭消費貸借契約
証書を要物契約とする方法を選択している場合には、諾成契約と異な
る要物契約の重要な要素である、融資金を実際に交付した時に消費貸

借契約が成立することを、皆さんの金融機関の説明マニュアルなどに合わせて説明していただくのがよいと考えます。

(3) 消費貸借契約の利息の定め

新民法では、消費貸借について、貸主は特約がなければ借主に対して利息を請求することができないとされました。

証書貸付では、契約書の貸出要項に利率の表示があるので、利息に特約があることは明確ですが、消費貸借である手形貸付や、売買である手形割引について、特約があるかは確認事項になります。一般的には手形貸付や手形割引は申込時に書面合意はなくても明示または黙示により利息の合意がされていると考えられます。そこで、事後的にも計算書の交付により利息を明確にすることになります。

中小・地域金融機関向けの総合的な監督指針（令和2年6月）Ⅱ－3－2－1－2　主な着眼点 (2) 契約時点等における説明④契約書等の書面の交付では、以下のように規定されています。

> 貸付契約、担保設定契約又は保証契約を締結したときは、原則として契約者本人に契約書等の契約内容を記載した書面を交付することとしているか。
> ハ．取引の形態から貸付契約の都度の契約書面の作成が馴染まない手形割引や手形貸付については、契約条件の書面化等、契約面の整備を適切に行うことにより顧客が契約内容をいつでも確認できるようになっているか。

(4) 期限前弁済【12頁参照】

新民法591条2項は、借主はいつでも返還することができるとしていますが、仕組取引のような場合には、当日に返済するといっても返済の事務処理ができないというケースがあり、裏にヘッジ取引をしている場合には、そのヘッジの解約が完了しなければ、借主に負担してもらう金額が固まらないというケースもあります。同項は任意規定であり、あらかじめ当事者間で返済の時期を定める特約をすることは可能とされています（法制審議会 民法（債権関係）部会第81回議事録6頁）。

(5) 期限前弁済の損害賠償

　新民法591条3項は消費貸借の期限前弁済について、貸主の損害賠償請求権を認めています。

　期限前弁済により金融機関が損害賠償請求が可能なケースとしては、事業者間の取引における高額の貸付のように、期限前に返済を受けたとしても金銭を再運用することが実際上困難かつ返済期限までの利息相当額を支払ってもらうことの代わりとして利率が低く抑えられていたようなケースなどは、比較的保護に値するケースであると考えられます。しかし、通常、金融機関であれば期限前返済がされた資金を他の取引先に融資することができるので転用可能性を否定することは非常に難しく、実際上そういうものを損害として主張、立証していくというのは困難な場合が多いと説明されています（第192回国会 衆議院法務委員会会議録 第14号 平成28年12月7日）。

チェックポイント

　皆さんの金融機関の通達・事務取扱要領・マニュアルの内容を確認して、融資契約の説明に期限前弁済の損害金についての説明を含めておくことがよいと考えます。

中小・地域金融機関向けの総合的な監督指針　Ⅱ－3－2－1－2（2）		
（2）契約時点等における説明	①商品又は取引の内容及びリスク等に係る説明	ロ.住宅ローン契約については、利用者に適切な情報提供とリスク等に関する説明を行うこととしているか。特に、金利変動型又は一定期間固定金利型の住宅ローンに係る金利変動リスク等について、十分な説明を行うこととしているか。 　説明に当たっては、例えば、「住宅ローン利用者に対する金利変動リスク等に関する説明について」（平成16年12月21日：全国銀行協会申し合わせ）に沿った対応がなされる態勢となっているか。

		また、<u>適用金利が将来上昇した場合の返済額の目安を提示する場合には、その時点の経済情勢において合理的と考えられる前提に基づく試算を示すこととしているか。</u>
	②契約締結の客観的合理的理由の説明	顧客から**説明を求められたとき**は、事後の紛争等を未然に防止するため、契約締結の客観的合理的理由についても、顧客の知識、経験等に応じ、その理解と納得を得ることを目的とした**説明を行う態勢**が整備されているか。 なお、以下のイ.からハ.の検証に関しては、各項に掲げる事項について**顧客から求められれば説明する態勢**（ハ.の検証にあっては、保証契約を締結する場合に説明する態勢）が整備されているかに**留意**する。 **イ. 貸付契約** 貸付金額、金利、返済条件、期限の利益の喪失事由、財務制限条項等の契約内容について、顧客の財産の状況を踏まえた契約締結の**客観的合理的理由** ロ. 担保設定契約 極度額等の契約内容について、債務者との取引状況や今後の取引見通し、担保提供者の財産の状況を踏まえた契約締結の**客観的合理的理由**

6 手形貸付

　手形貸付は、融資にあたり借主が手形（振出人が借主、金融機関が受取人）を差し入れます。

　金融機関が借主に対して金銭を交付すると、金融機関と借主の間に消費貸借契約が成立します。ただし、手形貸付の手形は書面ではありますが、貸主である金融機関の貸す意思と借主の返済する意思が表れていないことから、手形貸付は新民法587条の2の諾成契約にはならないと考えられます。

7 非事業性の消費者ローン契約書

　消費者ローン契約書に関係する新民法の改正には、定型約款と消費貸借があります。

　消費者ローンは消費貸借なので、要物契約とする場合には、消費貸借で説明した注意点があります。

　消費者ローン契約書は新民法で新設された定型約款に該当します。定型約款に該当する取引では前掲18頁のように、融資の要項が契約内容になるための組入要件などが必要になります。そして、定型約款の特徴としては、一定の合理性がある場合には金融機関が契約内容を顧客との合意をしなくても変更できることがあります。

　しかし、実務では一般的には消費者ローンの条件変更をする際には、個別に変更契約書を作成して合意しているのではないでしょうか。

　それでは、定型約款である消費者ローン契約書では一定の要件のもとに個別に顧客と合意することなく契約内容を変更することができるのに、個別合意をして変更することはできるのかについて疑問が生じますが、定型約款に該当する契約書を個別合意して変更することも可能と考えられます。【17頁、21頁参照】

営業店の皆さんが
日常業務で
【もう少し知りたい】ときの

民法改正と
担保・保証の
チェックポイント

1 担保

担保は取引先の信用力を補完するために、金融機関が優先的に弁済を受けることができるように、金融機関が特定の財産の提供を受け、これを債権の回収が必要となる場合に備える保全方法です。

担保権の種類には、①先取特権のように法律が定める所定の条件が整った場合に当然に発生する担保権、②契約による抵当権・質権などがあります。

抵当権は、債務者や第三者が占有している不動産などを、債権者に占有を移さないで債権の担保として提供して登記簿で公示されます。債権者である抵当権者はほかの債権者に優先して債務の弁済を受けることができます。抵当権の種類には、特定の債権を担保する抵当権と、一定の範囲に属する不特定の債務を極度額を限度として担保する根抵当権があります。

質権は、債権者が担保として預かったものを占有し、他の債権者に先立って質権を実行して回収をすることができます。【51頁参照】

担保の種類には、不動産担保、預金担保、有価証券担保、商業手形担保、売掛債権担保などがあります。

新民法では、担保に徴求することが多い賃貸借の「敷金」についての規定が新設されました（622条の２）。

(1) 担保提供と会社の重要な財産の処分・多額の借財、利益相反取引

取締役会を設置する株式会社が重要な財産を処分したり、多額の借財をする場合は、取締役会の決議が必要です。疑わしい行為の場合は確認することが取引の安全になります。

利益相反取引は、法人の役員が自己または第三者のためにその法人と取引する場合は、株主総会、取締役会、社員総会等の承認が必要です。そこで、利益相反に該当する行為である場合には、取締役会等の

議事録を徴求して確認する必要があります。

(2) 売掛債権譲渡担保【172頁参照】

　発生済の売掛債権などを担保にする場合、継続的取引に基づき現在
および将来発生する債権を債権譲渡により担保にする方法です。

　商取引の債権は、業者間の取引契約書などにより、譲渡を禁止する
特約がされていることが多くあります。

　新民法では、この債権譲渡を制限する特約があっても、債権譲渡は
有効とされました。しかし、新民法の規定により譲渡制限がある売掛
債権を譲渡担保にして融資を受けることによって債権譲渡は有効にな
っても、業者間取引契約による売掛債権の譲渡を禁止する特約は有効
なので、売掛金の債権者は、この取引契約書によって、取引を解除さ
れたり、取引を打ち切られるおそれがあります。

(3) 新民法の異議をとどめない承諾制度の廃止への対応【46頁参照】

　売掛債権は（指名）債権ですから、債権譲渡を有効に行うためには、
債務者から承諾書を徴求するか、または金融機関（譲受人）から債務
者に譲渡した旨の通知をする必要があります。そして、債務者以外の
第三者に対抗するためには、通知または承諾に確定日付が必要です。
なお、旧民法にあった「異議をとどめない承諾」の制度は、新民法で
は廃止されているので注意が必要です。廃止の理由としては、債務者
が債権譲渡に同意しただけで、債務者が債権者（譲渡人）に対して有
していた抗弁（相殺、同時履行、無効・取消し、解除、弁済、消滅時
効）を放棄してしまうことは債務者保護のために不当であるとされた
ことによります。

　しかし、新民法下では、上記の抗弁について、債務者が別段の意思
表示をすれば、抗弁放棄をすることは可能と考えられるので、一定事
項を例示したうえで、不足を防ぐために「その他いっさいの抗弁権」
を主張しないことを合意することが考えられます。【47頁参照】

2 売掛債権譲渡担保と債権譲渡【37頁〜参照】

（1）債権譲渡制限特約がある債権の譲渡

旧民法では、債権譲渡制限特約がある債権の譲渡は無効です。

新民法では、譲渡制限特約があっても、譲渡人と譲受人間での債権譲渡取引は有効になります。ただし、譲渡制限特約がある債権の譲渡があった場合でも、悪意または重過失により譲渡制限特約を知らなかった譲受人その他の第三者に対して、債務者は弁済を拒むことができます。また、譲渡人に対して弁済することで債務を免れることができます（弁済の相手方を固定）。

新民法では譲渡制限特約がある債権譲渡は譲渡当事者間では有効となることから（債権者不確知ではない）、債務者は誰に弁済すべきか迷うことになるので、債務者は供託することができる規定が新設されました。

旧民法は、当事者がする譲渡制限特約を有効としています。これは、債務者にとっては、譲渡制限特約を付する目的は、主として、弁済の相手方を固定することにより見知らぬ第三者が債権者となるといった事態を防ぐことになり、その限度では、譲渡制限特約を付した債務者の期待は保護する必要があると考えられます。

また、近時ABLなど債権譲渡による資金調達が、中小企業にとって重要となっており、旧民法の債権譲渡禁止特約が債権譲渡による資金調達の障害になっているとの問題が指摘されています。

売掛債権譲渡担保やABLでは、債権に譲渡制限特約がある場合には、対抗要件として債務者の異議をとどめない承諾を具備させており、新民法下でも金融機関は抗弁放棄の意思表示を受けるなどの対応をすることになります（なお、新民法で異議をとどめない承諾は廃止されました）。【46頁参照】

そして、債権譲渡制限特約の改正に対する中小企業団体の意見とし

て、特定の取引の譲渡制限が付された債権譲渡が新民法によって有効
となっても、譲渡人や金融機関では、一般的な事業者間取引契約では、
個別の取引契約のほか、継続的取引の基本契約において債権の譲渡を
禁止する条項があり、この継続的取引基本契約に基づいて取引を解除
される懸念もあることから、資金調達の円滑化につながらないとの意
見があります（東京商工会議所・中間試案意見5頁。また、東商新聞
2091号（2017年8月10日号）9頁では、「実際に譲渡制限特約が付いた
債権の譲渡が行われるためには、関係法令の改正やガイドラインなど
の整備が必要と考えられます」と説明されています）。

　そのほか、新民法下で譲渡禁止特約が付いている債権を流動化する
金融機関の立場からの指摘として、当事者間の契約に違反させるよう
な行為を金融機関が求めることが問題だとされるリスクや、譲受人で
ある金融機関の説明が不十分なまま債権譲渡がなされた結果、当事者
の契約が解除され、金融機関が損害賠償請求を受けるというリスクが
あります。

　この点に関して法務省の説明では要旨として、譲渡制限特約が付さ
れた債権の譲渡は必ずしも特約の趣旨に反するものではなく、債務者
にとっては特段の不利益がなく弁済の相手方は固定されているので、
取引関係の打ち切りや契約解除などを行うことは極めて合理性に乏し
い行動と言えて、いわゆる権利濫用に当たりうるので無効としていま
す。

新任担当と融資課長による新民法Q&A❸

債権譲渡の改正の売掛債権担保融資（ABL）への影響

新任担当　経済産業省のPRパンフレットを見ると（180頁※WE
　Bリンク参照）、「債権法改正により資金調達が円滑になりま
　す」となっているのですが、民法の債権法改正は金融機関の売
　掛債権譲渡担保融資がやりやすくなる改正なのでしょうか。

融資課長　金融機関は担保・保証に依存しない融資をするために、

事業性評価やABLに力を入れているね。

新任担当　信用保証協会の、流動資産担保融資保証制度（ABL）では、民法改正前の、担保掛目があります（178頁参照）。

融資課長　異議をとどめない承諾制度は、新民法で廃止になったけれども、第三債務者の抗弁権を放棄する旨の合意をすることはできるので、新民法下では、「債権譲渡承諾依頼書」が改定されて、具体的に想定される債務者の抗弁を放棄させることになるんだ。譲渡が禁止されている売掛債権（債権譲渡禁止特約が取引契約に使用されている場合）は、抗弁放棄の意思表示による同意や譲渡禁止特約を解除できる場合を除き、利用できないね。

新任担当　経済産業省・中小企業庁・（社）全国信用保証協会連合会は、売掛先の事業者の方に以下のご協力を依頼しています。

＜風評被害の防止＞

・売掛債権の利用について、売掛先（取引先）等から資金繰りが厳しいのかと言われ、利用により風評被害が発生することが心配、との声が聞かれます。

・売掛債権の利用促進は国の施策です。本制度の普及、利用促進にご協力下さい。

＜債権譲渡禁止特約の解除＞

・本保証制度の利用に当たり、取引にかかる契約に売掛債権の譲渡を禁止する特約がついていると、中小企業者は売掛債権を担保として譲渡し、融資を受けることができません。

・国や地方公共団体では、既に、債権譲渡禁止特約の解除を進めています。

・中小企業者との物品及びサービスの取引に当たり、債権譲渡禁止特約の解除にご協力下さい。

どうして、こうした依頼が必要なのでしょうか。

中小企業の債権譲渡改正への要望内容

融資課長　日本商工会議所「民法（債権法）改正に対する商工会議所の意見」（平成24年11月29日）では、譲渡禁止特約付債権を被担保債権として売掛債権担保融資制度を使う際に以下のような障害があるとされている。

①このような債権を担保にする場合には、債務者から譲渡禁止特約を解除する旨の意思表示を書面でもらう必要がある。

②債権者は債権譲渡による資金調達を行った事実を知られると自社の信用不安に繋がるのではないかという強い懸念がある。

③債権譲渡禁止特約がついている債権を担保に入れた場合、債務者に契約違反を追及される懸念がある。

　そして、日本商工会議所・東京商工会議所の「民法（債権関係）の改正に関する中間試案」に対する意見（平成25年4月25日）では、改正検討段階の債権譲渡について、次のような意見を出している。

　「①現在の案で債権譲渡を用いた中小企業の資金調達が活性化するか疑問

　現在の案は、債権譲渡禁止特約の効果が当事者間では有効であることを前提としている。中小企業は、取引先の大企業等と結んだ債権譲渡禁止特約を反故にしてまで、債権譲渡による資金調達を図ろうとはしないものと考える。

　企業は、一般的に相手方との継続的で安定した取引を望んでいる。しかし、相手方と合意して締結した特約に反して債権譲渡を行うことは、相手方との関係悪化を招き、取引停止などに至る可能性がある。そのようなリスクを冒してまで、債権譲渡による資金調達は行わないのではないか」との意見が出されている。

　債務者に知られることなく債権譲渡ができれば、中小企業の資金調達の活用につながると思われたのだが、新民法は、道半

ばとなっている。

新任担当　そうですね、新民法では、債権譲渡制限特約があっても債権譲渡は有効とされました。ところが、取引先との取引基本契約書では一般的に取引債権の譲渡を禁止する特約があって、その特約は新民法下でも有効となるので、売掛債権譲渡担保融資を利用すると、中小企業は相手先から契約を解除されたり打ち切られるおそれがあって、なかなか利用が進まない懸念が残るということですね。でも、債権を譲渡しただけで、相手先が契約を解除したり、取引を打ち切ることはできるのでしょうか。

> **債権譲渡についての法務省の解釈**

融資課長　法務省は、債権が譲渡された場合に債務者が契約解除や契約打切りができるかについて、次のような解釈を示している。

〈改正法の下での解釈〉

　改正法では、債務者は、基本的に譲渡人（元の債権者）に対する弁済等をすれば免責されるなど、弁済の相手方を固定することへの債務者の期待は形を変えて保護されている。

　そうすると、以下の解釈ができると考えられるね。

　譲渡制限特約が弁済の相手方を固定する目的でされたときは、債権譲渡は必ずしも特約の趣旨に反しないと見ることができる。そもそも契約違反（債務不履行）にならない。

　債権譲渡がされても債務者にとって特段の不利益はない。

　取引の打切りや解除を行うことは、極めて合理性に乏しく、権利濫用等に当たりうる。

新任担当　法務省の解釈では、新民法下で債権者が債権譲渡をしたことにより、契約の打切りや契約解除をすることは権利濫用となり、できないとしているのですね。

融資課長　こうした解釈は、裁判にならないと明確にならないと考えられる。そこで、経済産業省のポスターでは、契約で趣旨

を明確にすることが望ましいとしているね（180頁※参照）。

■企業の皆様に知っていただきたいこと■
　改正法の趣旨に沿った実務慣行の形成に向けて、以下の点にご留意ください（契約において以下の趣旨を明確にすることが望ましいと考えられます。）。
・譲渡制限特約を締結する場合であっても、金融機関等に対する資金調達目的での債権譲渡を禁じない内容とすること
・譲渡制限特約が付された債権を資金調達目的で譲渡しても、契約の解除・取引停止・損害賠償の原因とはならないと考えられるため、下請事業者に対し不当に契約の解除・取引停止、損害賠償請求等を行わないこと

建設工事請負と債権譲渡

融資課長　2019年12月に改訂された国土交通省の「民間建設工事標準請負契約約款」では、売掛債権の譲渡について一定の条件のもとに、「あらかじめ相手方の承諾を得た場合又はこの契約の目的物の工事を実施するための資金調達を目的に請負代金債権を譲渡するとき（中略）は」債権譲渡ができることになっているので、債権法改正に対応した業界の動きが出ているので注目する必要がある。

売掛債権の担保評価

新任担当　検査マニュアルは2019年12月に廃止されましたが、以下のような記載がありました。

「債権担保」が「一般担保」として取り扱われるためには、
・対抗要件が適切に具備されていること
・「売掛金担保」についても、(中略)、「異議をとどめない承諾」を得た「売掛金担保」については、「決済確実な商業手形」の要件（注）に準じた要件を備えている限り、原則として、「優良担保」として取り扱って差し支えありません。

融資課長　「検査マニュアル廃止後の融資に関する検査・監督の考え方と進め方」(案)に対するパブリックコメントの結果では、新民法の施行後は、譲渡禁止特約が付されていることのみをもっ

て回収可能性がないと判断されるわけではないとされているね。

> 譲渡禁止特約付債権についても、改正民法の施行後は、譲渡禁止特約が付されていることのみをもって回収可能性がないと判断されるわけではなく、上記の諸般の事情を考慮した上で回収可能見込額を算出することになると考えられます。

新任担当　譲渡禁止特約付債権の担保評価は、諸般の事情を考慮したうえで回収可能見込額を算出することになるので、一律の対応ができないことになりますね。

融資課長　保証協会や本部の対応を見ながら、債権法改正により資金調達が円滑になるかについて、しばらく様子を注視していくことになるね。

（信用保証協会の売掛債権担保の例）
〈売掛債権〉

対抗要件＼第三債務者	一般企業	新興市場上場有配企業	官公庁、上場有配企業
異議を留めない承諾（注1）	80%	90%	100%
通知（注2）	75%	85%	95%
留保（注3）	70%	80%	90%

（注1）①民法第468条の規定に基づく「異議を留めない承諾」
　　　　②申込当初から売掛金が化体している手形（化体手形）または電子記録債権（化体電子記録債権）を担保とする場合
（注2）①登記事項証明書を添付した通知、または②民法第467条の規定による確定日付のある「通知」もしくは上記（注1）以外の「承諾」
（注3）上記（注2）①の留保
※「有配」とは、保証決定時（もしくは期間延長時）直前期末の株主配当を実施していることをいい、無配の場合は、「一般企業」として取扱います。

**2019 年 12 月に廃止された金融検査マニュアルに関するよくあるご質問（FAQ）
別編 ＜ABL 編＞ における「債権担保」【40 頁参照】**

1．一般担保等の要件の明確化（1）総論【別表 1 P 12 1．⑷② 自己査定結
　果の正確性の検証】
　　①「動産担保」及び「債権担保」が「一般担保」として取り扱われるためには、
　　　どのような要件を満たせばよいですか。
（答）
　（中略）
2．また、「債権担保」が「一般担保」として取り扱われるためには、
　　・対抗要件が適切に具備されていること
　　・第三債務者（目的債権の債務者）について、信用力を判断するために必要
　　　となる情報を随時入手できること
　　・第三債務者の財務状況が継続的にモニタリングされていること
　　・貸倒率を合理的に算定できること
　　等、適切な債権管理が確保され、回収（第三者への譲渡による換価を含む）
　　が確実であると客観的・合理的に見込まれることが必要です。

（3）売掛金担保の一般担保要件【別表 1 P 12 1．⑷② 自己査定結果の正確
性の検証】
　　⑭「売掛金担保」が「一般担保」として取り扱われるためには、「対抗要件
　　　が適切に具備されていること」とされていますが、どのようなことを具体
　　　的に想定しているのですか。
（答）
1．「売掛金担保」の対抗要件については、原則として、以下のいずれかの手
　　続きを行っていることを想定しています。
　　・「民法」に基づく「確定日付のある証書による通知又は承諾」
　　・「動産及び債権の譲渡の対抗要件に関する民法の特例等に関する法律」に
　　　基づく「債権譲渡登記に加えて、登記事項証明書の交付を伴う通知又は
　　　承諾」

【別表 1 P 10 1．⑷① 自己査定基準の適切性の検証】
　　㉛「売掛金担保」については、「決済確実な商業手形」に準じて、「優良担保」
　　　として取り扱うことはできないのですか。
（答）
　（中略）
3．ただし、「売掛金担保」についても、その支払人から、「異議をとどめない
　　承諾」を得た場合においては、「譲渡人に対抗することができた事由があっ
　　ても、これをもって譲受人に対抗することができない」（民法第 468 条第 1
　　項）とされていることから、「異議をとどめない承諾」を得た「売掛金担保」
　　については、「決済確実な商業手形」の要件（注）に準じた要件を備えて
　　いる限り、原則として、「優良担保」として取り扱って差し支えありません。

金融庁「検査マニュアル廃止後の融資に関する検査・監督の考え方と進め方」（案）に対するパブリックコメントの結果等について（令和元年12月18日）

提出意見85. に対する金融庁の回答
譲渡禁止特約付債権についても、改正民法の施行後は、譲渡禁止特約が付されていることのみをもって回収可能性がないと判断されるわけではなく、上記の諸般の事情を考慮した上で回収可能見込額を算出することになると考えられます。

下請事業者及び親事業者のよるべき一般的な基準である「下請け中小企業振興法第3条第1項の規定に基づく進行基準」は、親事業者に対し、下請事業者間での基本契約締結の際の以下の努力義務を定めています。
「金融機関及び親事業者の双方で確認した適切な相手方に対しては、譲渡又は担保提供を禁じない内容とするよう努める」
「債権譲渡禁止特約の解除の申出があった場合には、申出を十分尊重して対応するとともに、本申出を理由として不当に取引の条件又は実施について不利な取扱いをしてはならない」

（出典）経済産業省HP
（※）https://www.meti.go.jp/policy/economy/keiei_innovation/sangyokinyu/ABL/14_1.pdf

　なお、債権譲渡に関する経過措置を定める附則22条は、施行日前に債権の譲渡の原因である法律行為がされた場合における債権の譲渡については、新民法466条から469条の規定にかかわらず、従前の例によるとされています。施行日後に締結された譲渡契約に新民法が適用されます。

(2) 将来債権譲渡の明文化【44頁参照】

　旧民法の判例では、将来債権の譲渡性が認められていますが、条文には規定がないことから明文化されました。将来債権譲渡の対抗要件は一般の債権譲渡と同様です。

　将来債権の譲渡は、最近においては、主として中小企業が将来の収益源である売掛債権などを担保に資金を調達する手法として広く用いられるようになっています。なお、将来債権が何を指すかについては解釈に委ねられています。そのほか、濫用的な譲渡については、公序

良俗違反により無効となることまで否定されているわけではないと考えられます。

3 保証の法的性質

　保証は、債務者が金融機関（債権者）に対する債務の弁済ができないときには保証人が代わって弁済する合意（契約）です（書面または電磁的記録によることが必要）。その合意は、債権者と保証人の間で、債務者の債務を担保するために締結されます。債務の担保であることから、債務か保証債務のどちらかが弁済されれば、弁済された分の両方の債務が消滅します。

　保証債務は主債務があることを前提とし、主債務を担保するものです。

(1) 付従性

　主債務が無効である場合や取り消されたときは保証債務も成立しないのが原則です。

　保証人の負担が債務の目的または態様において主たる債務より重いときは、主たる債務の限度に減縮されます。また、主たる債務の目的または態様が、保証契約の締結後に加重されたときであっても、保証人の負担は加重されません（新民法448条2項）。

　主たる債務者に対する履行の請求その他の事由による時効の完成猶予および更新は、保証人に対してもその効力を生じます（新民法457条1項）。

　保証人は、主たる債務者が主張することができる抗弁をもって債権者に対抗することができます（新民法457条2項）。

　主たる債務者が債権者に対して相殺権、取消権または解除権を有するときは、これらの権利の行使によって主たる債務者がその債務を免

れるべき限度において、保証人は債務者に対して債務の履行を拒むことができます。

　旧民法457条2項は、「保証人は、主たる債務者の債権による相殺をもって債権者に対抗できる。」とされていましたが、同条の解釈では、保証人は債権者から保証債務の履行を請求されたときに、主たる債務者の有する預金等の反対債権に相当する金額だけ、弁済を拒絶することができ、このような抗弁権を行使できるのは、保証債務について履行期が到来して債権者から請求があったときとされていました。

　新民法下の保証条項に、「保証人は債務者の金融機関に対する預金、定期積金その他の債権をもって相殺はしないものとします。」の文言がある場合は、保証人からする相殺が認められないことを明確にするために確認的に置かれているものと考えられます。取消権、解除権についても抗弁権が認められています。そのほか、この抗弁権を放棄する条項も考えられます。

チェックポイント

　皆さんの金融機関の取引約定書で、保証人の抗弁権について、通達・事務取扱要領・マニュアルで確認しておきましょう。

(2) 連帯保証【70頁Q5参照】

　金融実務の契約書では、「保証人は、債務者の○○の債務について、連帯して保証債務を負う。」として、連帯保証であることを合意しています。連帯保証には、分別の利益や補充性が働く余地はほとんどありません。

　連帯保証では、主たる債務者・連帯保証人の一方について生じた事由の効力は、連帯債務の規定が準用されます（新民法458条が準用する438条、439条1項、440条、441条）。

(3) 補充性

実務でなされる保証はほとんど例外なく連帯保証になっています。保証人が主たる債務者と連帯して債務を負担したとき（連帯保証）は、催告の抗弁と検索の抗弁の権利を有しません。そこで、連帯保証では補充性が適用される余地はほとんどありません。

〔催告の抗弁〕債権者が保証人に債務の履行を請求したときは、保証はまず主たる債務者に催告をすべき旨を請求することができます（主たる債務者が破産手続開始の決定を受けたとき、またはその行方が知れないときを除く）（452条）。

〔検索の抗弁〕債権者が債務者に452条の催告を行った後であっても、債務者に弁済をする資力があり、かつ、執行が容易であることを証明したときは、債権者は、まず主たる債務者の財産について執行をしなければなりません（453条）。

(4) 分別の利益

複数の保証人がそれぞれ単純に保証債務を負担した場合、債務額は保証人の数に応じて分割されます。連帯保証には分別の利益はないものとされています。

チェックポイント

中小・地域金融機関向けの総合的な監督指針では、保証に関する説明について多くの規定が設けられています。

保証の性質について、内容を確認し、皆さんの金融機関の、説明マニュアルなどによる説明ができるようにしておきましょう。

中小・地域金融機関向けの総合的な監督指針　Ⅱ−3−2−1−2（2）		
（2）契約時点等における説明	①商品又は取引の内容及びリスク等に係る説明	ホ．連帯保証契約については、補充性や分別の利益がないことなど、通常の保証契約とは異なる性質を有することを、相手方の知識、経験等に応じて説明することとしているか。

| | | （注1）「補充性」とは、主たる債務者が債務を履行しない場合にはじめてその債務を履行すればよいという性質をいう。 |
| | | （注2）「分別の利益」とは、複数人の保証人が存在する場合、各保証人は債務額を全保証人に均分した部分（負担部分）についてのみ保証すれば足りるという性質をいう。 |

4 保証の種類

（1）特定債務保証

特定の債務のみの保証です。

（2）根保証

被保証債務が特定されておらず、債権者と主債務者との間の、継続的取引から生ずる不特定の債務を担保する保証です。

（3）個人根保証契約【48頁参照】

旧民法の制度である貸金等根保証契約以外の根保証契約においても、個人の保証人が契約時の予想を超える大きな債務を負うことがあり、新民法では、極度額に関する規定が個人根保証契約一般に拡大されました。

個人根保証契約とは、一定の範囲に属する不特定の債務を主たる債務とする保証であって法人でない保証人は、主たる債務の元本、主たる債務に関する利息、違約金、その他その債務に従たるすべてのものおよびその保証債務について約定された違約金または損害賠償の額について、その全部に係る極度額を限度として、その履行をする責任を負います（新民法465条の2第1項）。

個人根保証契約は主債務の範囲に含まれる債務の種別を問わず、書

面または電磁的記録で極度額を定めなければ保証の効力が生じません（新民法465条の2第2項、同条3項が準用する446条2項・3項）。

　金融取引では、支払承諾やデリバティブの保証が個人根保証契約に該当するので、（平成16年民法改正時に手当てしている場合もあると思われますが）債権極度額を設ける必要があります。

　①　個人根保証契約の元本確定期日

　新民法では、極度額を定めることとしており、保証人が予想を超える過大な責任を負う事態は最低限回避が可能であることから、元本確定期日は定められていません。

　②　個人根保証契約の元本確定事由

　個人根保証契約の元本の確定事由として、債権者が、保証人の財産について金銭の支払いを目的とする債権についての強制執行または担保権の実行を申し立てたとき（強制執行または担保権の実行の手続きの開始があった時に限る）、保証人が破産手続開始の決定を受けたとき、主たる債務者または保証人が死亡したとき、としています（新民法465条の4）。

(4) 個人貸金等根保証契約

　個人貸金等根保証契約とは、主たる債務の範囲に金銭の貸渡または手形の割引を受けることによって負担する債務が含まれる保証です（旧民法の「貸金等根保証契約」が改正）。

　①　個人貸金等根保証契約の元本確定期日

　主たる債務の元本の確定すべき期日の定めがある場合において、その元本確定期日が書面または電磁的記録で個人貸金等根保証契約の締結の日から5年を経過する日より後の日と定められているときは、その元本確定期日の定めは効力を生じません（新民法465条の3第1項）。

　元本確定期日の定めがない場合は、その個人貸金等根保証契約の締結の日から3年を経過する日までになります（新民法465条の3第2項）。

　個人貸金等根保証契約に関する元本確定期日の変更を書面または電

磁的記録でする場合において、変更後の元本確定期日がその変更をした日から5年を経過する日より後の日となるときは、その元本確定期日の変更は、その効力を生じません（確定期日は3年後になります）。

② 個人貸金等根保証契約の元本の確定事由

・債権者が、保証人の財産について、金銭の支払いを目的とする債権についての強制執行または担保権の実行を申し立てたとき、保証人が破産手続開始の決定を受けたとき、主たる債務者または保証人が死亡したとき（新民法465条の4）

・債権者が主たる債務の財産について金銭の支払いを目的とする債権についての強制執行または担保権の実行を申し立てたとき（強制執行または担保権の実行の手続きの開始があったときに限る）、主たる債務者が破産手続開始の決定を受けたとき（新民法465条の4第2項）。

中小・地域金融機関向けの総合的な監督指針　Ⅱ－3－2－1－2（2）		
（2）契約時点等における説明	②契約締結の客観的合理的理由の説明	ハ．保証契約 　保証人の立場及び財産の状況、主債務者や他の保証人との関係等を踏まえ、当該保証人との間で保証契約を締結する**客観的合理的理由** ａ．根保証契約については、設定する極度額及び元本確定期日について、主債務者との取引状況や今後の取引見通し、保証人の財産の状況を踏まえた契約締結の**客観的合理的理由** ｂ．経営者以外の第三者との間で個人連帯保証契約を締結する場合には、「経営者以外の第三者の個人連帯保証を求めないことを原則とする融資慣行を確立」するとの観点に照らし、<u>必要に応じ、「信用保証協会における第三者保証人徴求の原則禁止について」における考え方にも留意しつつ（Ⅱ－11－2（1）参照）、当該第三者と保証契約を締結する**客観的合理的理由**</u>。

		c．経営者等に保証を求める場合には、「経営者保証に関するガイドライン」に基づき（Ⅱ－10－2参照）、当該経営者等と保証契約を締結する**客観的合理的理由**

チェックポイント

　監督指針の保証についての合理的説明は、経営者保証に関するガイドラインの改正内容も確認して、皆さんの金融機関の通達・事務取扱要領・マニュアルによる説明ができるように内容を確認しておきましょう。

5　根保証人の解約権【59頁、61頁参照】

(1) 任意解約権

　保証契約が成立した後に、保証人は随時解約の申し出ができます。

(2) 特別解約権

　保証契約の成立時には社長等の地位にあった保証人が、その地位を退いた等の特別な事情がある場合には、保証契約締結後長期間経過していなくても保証契約を解除することができるとする裁判例があります（特別解約権、大審院昭和16年5月23日判決）。法制審議会・民法（債権関係）改正の「要綱案のたたき台（5）」には、特別解約権について、「このような規律は平成16年改正においても検討されたが、考慮すべき様々な要素を的確に表現することが極めて困難であり、裁判規範として不明確なものとなるおそれがあるという問題が指摘されていたことなどを踏まえて見送ることとされた。現時点でも、これらの問題を乗り越える提案をすることは困難であるため、この資料においては取り上げていない。」として、新民法には盛り込まれませんでした。

「経営者保証に関するガイドライン」の特則とは

新任担当 2019年12月に経営者保証に関するガイドライン研究会が、事業承継時に焦点を当てた「経営者保証に関するガイドライン」の特則を公表しましたね。そして、事業承継時の経営者保証の取扱いについては、原則として前経営者、後継者の双方から二重には保証を求めないこととし、後継者との保証契約にあたっては経営者保証が事業承継の阻害要因となりうる点を十分に考慮し保証の必要性を慎重かつ柔軟に判断すること、前経営者との保証契約については、前経営者がいわゆる第三者となる可能性があることを踏まえて保証解除に向けて適切に見直しを行うことが必要である、とされていますね。

融資課長 2020年4月から、事業承継時の経営者保証の取扱いについては、原則として前経営者、後継者の双方から二重には保証を徴求しない取扱いになっているね。

新任担当 新民法では、保証の特別解約権や二重徴求についての改正はされませんでしたが、経営者保証に関するガイドラインでのルールができたのですね。

融資課長 経営者保証に関するガイドラインでは、以下の事項が詳しく定められている。

（1）前経営者、後継者の双方との保証契約

（2）後継者との保証契約

（3）前経営者との保証契約

（4）債務者への説明

新民法だけでなく、その他の改正と併せて顧客説明と対応をすることになるね。

事業承継時に焦点を当てた「経営者保証に関するガイドライン」の特則	
	経営者保証に関するガイドライン研究会（令和元年12月） ※太字および下線は筆者が特に重要と判断した箇所です。
脚注1　本特則における二重徴求とは、	同一の金融債権に対して**前経営者と後継者の双方から経営者保証を徴求している場合**をいい、例えば、代表者交代前の既存の金融債権については前経営者、代表者交代後の新規の金融債権は後継者からのみ保証を徴求している場合は、二重徴求に該当しない。
２．対象債権者における対応	・事業承継時の経営者保証の取扱いについては、**原則として前経営者、後継者の双方から二重には保証を求めないこと**とし、後継者との保証契約に当たっては経営者保証が事業承継の阻害要因となり得る点を十分に考慮し保証の必要性を慎重かつ柔軟に判断すること、前経営者との保証契約については、前経営者がいわゆる第三者となる可能性があることを踏まえて保証解除に向けて適切に見直しを行うことが必要である。 ・また、こうした判断を行うに当たっては、ガイドライン第4項（2）に即して検討しつつ、経営者保証の意味（規律付けの具体的な意味や実際の効果、保全としての価値）を十分に考慮し、合理的かつ納得性のある対応を行うことが求められる。
<u>(1) 前経営者、後継者の双方との保証契約</u>	・**原則として前経営者、後継者の双方から二重には保証を求めないこととし、例外的に二重に保証を求めることが真に必要な場合には、その理由や保証が提供されない場合の融資条件等について、前経営者、後継者の双方に十分説明し、理解を得ることとする。** **例外的に二重徴求が許容される事例としては、以下の通りである。** 　①**前経営者が死亡し**、相続確定までの間、亡くなった前経営者の保証を解除せずに後継者から保証を求める場合など、事務手続完了後に前経営者等の保証解除が予定されている中で、一時的に二重徴求となる場合 　②**前経営者が引退等により経営権・支配権を有しなくなり**、本特則第2項（2）に基づいて後継者に経営者保証を求めることが止むを得ないと判断された場合において、法人から前経営者に対する多額の貸付金等の債権が残存しており、当該債権が返済されない場合に法人の債務返済能力を著しく毀損するなど、前経営者に

189

対する保証を解除することが著しく公平性を欠くことを理由として、後継者が前経営者の保証を解除しないことを求めている場合

③**金融支援（主たる債務者にとって有利な条件変更を伴うもの）を実施している先、**又は元金等の返済が事実上延滞している先であって、前経営者から後継者への多額の資産等の移転が行われている、又は法人から前経営者と後継者の双方に対し多額の貸付金等の債権が残存しているなどの特段の理由により、当初見込んでいた経営者保証の効果が大きく損なわれるために、前経営者と後継者の双方から保証を求めなければ、金融支援を継続することが困難となる場合

④**前経営者、後継者の双方から、専ら自らの事情により保証提供の申し出があり、本特則上の二重徴求の取扱いを十分説明したものの、申し出の意向が変わらない場合**（自署・押印された書面の提出を受けるなどにより、対象債権者から要求されたものではないことが必要）

・なお、対象債権者は、事業承継時に乗じた安易な保全強化や上記の例外的に二重徴求が許容される事例の拡大解釈による二重徴求を行わないようにする必要があり、事業承継を機に単に単独代表から複数代表になったことや、代表権は後継者に移転したものの、株式の大半は前経営者が保有しているといったことのみで二重徴求を判断することのないよう留意する必要がある。

・また、本特則策定以降、**新たに二重に保証を求めた場合や既に二重徴求となっている場合には、二重徴求となった個別の背景を考慮し、一定期間ごと又はその背景に応じたタイミングで、安易に二重徴求が継続しないよう、適切に管理・見直しを行うことも必要である。**

| (2) 後継者との保証契約 | ・**後継者に対し経営者保証を求めることは事業承継の阻害要因になり得ることから、後継者に当然に保証を引き継がせるのではなく、必要な情報開示を得た上で、ガイドライン第4項（2）に即して、保証契約の必要性を改めて検討するとともに、事業承継に与える影響も十分考慮し、慎重に判断することが求められる。**
・具体的には、経営者保証を求めることにより事業承継が頓挫する可能性や、これによる地域経済の持続的な発展、金融機関自身の経営基盤への影響などを考慮し、ガイドライン第4項（2）の要件の多くを満たしていない場合でも、 |

総合的な判断として経営者保証を求めない対応ができない
か真摯かつ柔軟に検討することが求められる。

・また、こうした判断を行う際には、以下の点も踏まえて検
討を行うことが求められる。

①主たる債務者との継続的なリレーションとそれに基づく
事業性評価や、事業承継に向けて主たる債務者が作成す
る事業承継計画や事業計画の内容、成長可能性を考慮す
ること

②規律付けの観点から対象債権者に対する報告義務等を条
件とする停止条件付保証契約等の代替的な融資手法を活
用すること

③外部専門家や公的支援機関による検証や支援を受け、ガ
イドライン第4項（2）の要件充足に向けて改善に取り
組んでいる主たる債務者については、検証結果や改善計
画の内容と実現見通しを考慮すること

④「経営者保証コーディネーター」によるガイドライン第
4項（2）を踏まえた確認を受けた中小企業については、
その確認結果を十分に踏まえること

・こうした検討を行った結果、後継者に経営者保証を求める
ことが止むを得ないと判断された場合、以下の対応につい
て検討を行うことが求められる。

⑤資金使途に応じて保証の必要性や適切な保証金額の設定
を検討すること（例えば、正常運転資金や保全が効いた
設備投資資金を除いた資金に限定した保証金額の設定
等）

⑥規律付けの観点や財務状況が改善した場合に保証債務の
効力を失うこと等を条件とする解除条件付保証契約等の
代替的な融資手法を活用すること

⑦主たる債務者の意向を踏まえ、事業承継の段階において、
一定の要件を満たす中小企業については、その経営者を
含めて保証人を徴求しない信用保証制度を活用すること

⑧主たる債務者が事業承継時に経営者保証を不要とする政
府系金融機関の融資制度の利用を要望する場合には、そ
の意向を尊重して、真摯に対応すること

| (3) 前経営者との保証契約 | ・前経営者は、実質的な経営権・支配権を保有しているといっ
た特別の事情がない限り、いわゆる第三者に該当する可能
性がある。令和2年4月1日からの改正民法の施行により、
第三者保証の利用が制限されることや、金融機関において
は、経営者以外の第三者保証を求めないことを原則とする |

	融資慣行の確立が求められていることを踏まえて、保証契約の適切な見直しを検討することが求められる。
	・保証契約の見直しを検討した上で、前経営者に対して引き続き保証契約を求める場合には、**前経営者の株式保有状況（議決権の過半数を保有しているか等）、代表権の有無、実質的な経営権・支配権の有無、既存債権の保全状況、法人の資産・収益力による借入返済能力等を勘案して、保証の必要性を慎重に検討することが必要である。<u>特に、取締役等の役員ではなく、議決権の過半数を有する株主等でもない前経営者に対し、止むを得ず保証の継続を求める場合には、より慎重な検討が求められる。</u>**
	・また、本特則第2項（4）のとおり、具体的に説明することが必要であるほか、前経営者の経営関与の状況等、個別の背景等を考慮し、<u>一定期間ごと又はその背景等に応じた必要なタイミングで、保証契約の見直しを行う</u>ことが求められる（根保証契約についても同様）。
<u>（4）債務者への説明内容</u>	・主たる債務者への説明に当たっては、対象債権者が制定する基準等を踏まえ、ガイドライン第4項（2）の各要件に掲げられている要素（外部専門家や経営者保証コーディネーターの検証・確認結果を得ている場合はその内容を含む）の<u>どの部分が十分ではないために保証契約が必要なのか、どのような改善を図れば保証契約の変更・解除の可能性が高まるかなど、事業承継を契機とする保証解除に向けた必要な取組みについて、主たる債務者の状況に応じて個別・具体的に説明することが求められる。特に、ハ）で定める法人の資産・収益力については、可能な限り定量的な目線を示すことが望ましい。</u>
	・また、金融仲介機能の発揮の観点から、<u>事業承継を控えた主たる債務者に対して、早期に経営者保証の提供有無を含めた対応を検討するよう促すことで、円滑な事業承継を支援することが望ましい。</u>
	・更に、<u>保証債務を整理する場合であっても、ガイドラインに基づくと、一定期間の生計費に相当する額や華美ではない自宅等について、保証債務履行時の残存資産に含めることが可能であることについても説明することが求められる。</u>
<u>（5）内部規程等による手続の整備</u>	・本特則第2項（1）から（4）に沿った対応ができるよう、社内規程やマニュアル等を整備し、職員に対して周知することが求められる。
	・なお、<u>社内規程等の整備に当たっては、原則として前経営</u>

	者、後継者の双方からの二重徴求を行わない、経営者保証に依存しない融資を一層推進するとの考えの下、経営者保証の徴求を真に必要な場合に限るための対応を担保するためには、具体的な判断基準や手続を定めるなど、工夫した取組みを行うことが望ましい。
3．主たる債務者及び保証人における対応	・主たる債務者及び保証人が経営者保証を提供することなしに事業承継を希望する場合には、まずは、ガイドライン第4項（1）に掲げる経営状態であることが求められる。特に、この要件が未充足である場合には、後継者の負担を軽減させるために、事業承継に先立ち要件を充足するよう主体的に経営改善に取り組むことが必要である。 ・このため、「事業承継ガイドライン」に記載の事業承継に向けた5つのステップも参照しつつ、事業承継後の取組みも含めて、以下のような対応が求められる。 ・また、以下の対応を行うに際しては、ガイドライン第4項（1）①に掲げる 外部専門家の検証や公的支援機関の支援を活用することも推奨される。
（1）法人と経営者との関係の明確な区分・分離	・経営者は、事業承継の実行（本特則では代表者交代のタイミングをいう。）に先立ち、あるいは経営権・支配権の移行方法・スケジュールを定めた事業承継計画や事業承継前後の事業計画を策定・実行する中で、法人と経営者との関係の明確な区分・分離を確認した上で、その結果を後継者や対象債権者と共有し、必要に応じて改善に努めることが望ましい。
（2）財務基盤の強化	・事業承継に向けて事業承継計画や事業計画を策定する際に、現経営者と後継者が対象債権者とも対話しつつ、将来の財務基盤の強化に向けた具体的な取組みや目標を検討し、計画に盛り込むことで、対象債権者とも認識を共有する。 ・また、その際、公的支援機関が提供する支援制度を活用して、外部専門家のアドバイスを受けるなど、計画の実現可能性を高めることも推奨される。
（3）財務状況の正確な把握、適時適切な情報開示等による経営の透明性確保	・自社の財務状況、事業計画、業績見通し等について、決算書を含めた法人税等確定申告書一式や試算表、資金繰り表等により、現経営者と後継者が認識を共有することが必要である。 ・対象債権者との間では、望ましい情報開示の内容・頻度について認識を共有するとともに、代表者交代の見通しやそれに伴う経営への影響、ガイドラインの要件充足に向けた

取組み等を含めた事業承継計画等について、対象債権者からの情報開示の要請に対して正確かつ丁寧に信頼性の高い情報を可能な限り早期に開示・説明することが望ましい。
- また、外部専門家による情報の検証も活用し、開示した情報の信頼性を高める取組みも推奨される。
- 併せて、対象債権者が適切なタイミングで経営者保証の解除を検討できるように、株式の移転や、経営権・支配権の移転等が行われた場合は、速やかに対象債権者に報告することが求められる。
- なお、ガイドラインに基づき保証債務の整理を行うと、一定期間の生計費に相当する額や華美ではない自宅等について、保証債務履行時の残存資産に含めることが可能であり、普段から対象債権者と良好な関係を構築することが重要である。

6 債権者の担保保存義務

　債務者のために弁済をした者は、債権者に代位し、債権の効力および担保としてその債権者が有していた一切の権利を行使することができます。

　金融機関が保証人の資力は十分だから担保権は不要だと考えて、債務者から取得していた担保権を解除した場合に、債務者に代わって弁済した保証人は、担保権があれば回収することができたはずの求償債権の弁済を受けられなくなります。そこで、保証人は担保権があれば回収できた金額の範囲で保証債務を免れることができます。

　このように、弁済による代位の効果として、金融機関は担保や保証人のある債権について代位権者のための担保保存義務を負っています。二人の保証人がいる場合に、その一方の保証を金融機関が勝手に解除したり、担保を保証人の承諾を得ないで解除すると、他の保証人や担保があれば保証人が代位弁済したときに法定代位権でその担保権等を取得できたにもかかわらず回収ができなくなるので、保証人は担保や

保証の喪失・減少によって償還を受けることができなくなった限度で
免責されます。

　金融機関の融資では、第三者が保証人となったり担保を設定してい
る場合には、債務者の経営状況の変化などにより、保証や担保の差替
えや一部解除が必要になる場合があります。

　旧民法ではこうした対応は担保保存義務違反として、保証人や担保
の喪失・減少に該当し、すべて代位権者の同意を得ないと、担保の差
替えや保証人の交替ができない問題点がありました。

　新民法では、担保の解除や保証人の交替について、取引上の社会通
念に照らして合理的な理由があると認められるときは、担保保存義務
違反による免責にはならないとしました。新民法により、合理的な理
由があるとされる場合としては、経営者の交替に伴い保証人が旧経営
者から新経営者に交替する場合や、担保権を設定している担保物を売
却して弁済をするために担保権を抹消する場合があります。

　金融機関取引では、契約書により、「保証人は、金融機関がその都合
によって担保もしくは他の保証を変更、解除しても免責を主張しませ
ん。」という内容の担保保存義務免除特約を定めています。しかし、
担保不動産の第三取得者のように事前に特約を締結することができな
い者との関係では担保保存義務免除の適用の有無が問題になりました。

　新民法では、担保保存義務の免除特約が締結されている場合には、
代位権者から担保の目的を譲り受けた第三者や特定承継人に対しても、
債権者の故意または過失によって、担保の喪失等があったとの主張に
対しては、債権者（金融機関）は免除特約があることを主張すること
ができます。そこで、代位債権者の側から信義則違反または権利濫用
の主張をすることになります。

7 連帯保証人の一人に対する請求、免除、時効の完成は、相対効に改正

　連帯保証に準用される連帯債務者間には協同関係が強い場合ばかりではないとして、新民法では連帯債務者の一人に対する請求を絶対効とする規定は削除され、連帯債務者の一人に対する請求などは相対効になりました。【93頁〜97頁、238頁4参照】

　実務への影響としては、新民法では、連帯債務の規定は連帯保証に準用されていることから、金融機関の業務に影響が大きくなります。

　特に、連帯保証人に対する裁判所が関与した請求が相対効となることから、時効中断は注意が必要になります。ただし、債権者と債務者との間に別段の合意があるときは、当該連帯債務者については、絶対的効力が及ぶことになります。例えば、Aの債務についてBが連帯保証をしている場合に、債権者とAとの間で債権者がBに請求をした場合にはAにその効力が及ぶことがあらかじめ合意されていたときは、Bに対する請求はAに対しても効力を有することになります。

8 法人の保証：利益相反・取締役会の決議事項と重要性（多額の借財）

　主債務者となる株式会社が金融機関から多額の借入れをしたり、保証債務を負担する場合には、取締役会の決議が必要になります。

　そのほか、主たる債務者である個人または法人の代表者が、保証人となる会社の取締役でもあるという場合には、取締役・会社間の利益相反行為の問題があるので、保証人となる会社は、取締役会等でその承認を得る必要があり、この承認がないと保証は無効になります。そこで、金融機関は、取締役会等で承認がされたことを議事録の提出を受けて確認をすることになります。

9 新民法による、保証人の保護拡充の概要
【49頁参照】

(1) 事業のために負担した貸金等債務を主債務とする第三者個人保証
　　は、経営者等を除き、保証意思宣明公正証書（保証人予定者が公
　　証人に対して保証意思があることを述べて作成する公正証書）
　　を、保証契約締結に先立つ1か月以内に作成する必要があり、作
　　成しないと保証契約が無効になります。そこで、保証意思宣明公
　　正証書作成の適用除外となる経営者等の範囲を確認する必要が
　　あります。

(2) 保証人に対する情報提供義務が新設されました。
　①事業のために負担する債務を主たる債務とする個人保証または主
　　たる債務の範囲に事業のために負担する債務が含まれる個人保証
　　は、主たる債務者が保証人に対して、一定の事項を情報提供する
　　義務があります。そして、主たる債務者がその事項について情報
　　提供をせず、または事実と異なる情報を提供したことを、債権者
　　（金融機関）が知りまたは知ることができたときは、保証人は保証
　　契約を取り消すことができます。
　②保証人から請求があった場合と、債務者が期限の利益を喪失した
　　場合の、債権者（金融機関）の保証人に対する情報提供義務が新
　　設されました。

10 新民法の、事業のために負担した貸金等債務を保証する保証契約の特則

新任担当と融資課長による新民法 Q&A❺

新民法の保証人保護の拡充とは

新任担当　相続や、契約に関する民法が改正され、通達が出されて契約書も改訂されていますが、どこからマスターしたらよいでしょうか。

融資課長　2020年4月は改正法の施行が多いね。民法相続法の配偶者居住権、民法の契約関係、改正民事執行法も施行された。業務を覚えるには絶好の環境だね。融資課の先輩も新任担当も、民法改正対応のスタートラインは同じだから、一歩でも早くマスターすれば、誰でも新民法のパイオニアになれるチャンスがあるよ。

新任担当　民法の契約関係の改正は、融資契約に影響が大きいようですね。

融資課長　そうだね、保証や、金銭消費貸借契約など日常業務に関係がある大きな改正がされている。

新任担当　どこから手を付けていいのかわからないので教えてください。

融資課長　それでは、新任担当君が、営業係の時に案件を持ち込んで、2020年3月に実行した融資の保証契約が、民法改正でどう変わるのかを確認してみよう。

　貸金等債務の保証人は、多額の保証債務を負うこともあるので、平成16年に包括根保証を廃止して、貸金等根保証契約が制定されたことは知っているね。

新任担当　書面で極度額や確定期日を定める方法ですね。

【事業融資とは】

融資課長　保証人の保護については、平成16年改正では積み残しがあって、今回の改正では、保証人保護の拡充がされることになったのだ。

　　大きな改正点としては、「**事業融資**」で経営者以外の第三者個人保証は、公証人に保証意思があることを宣言して公正証書を作成することが必要になったんだ。

新任担当　まず、「**事業融資**」ということですが、事業の設備資金や運転資金と考えればいいのでしょうか。

融資課長　アパートローンや、店舗や事務所の併用住宅ローンも「事業」に該当するんだ。

新任担当　私が営業係の時には、相続税対策でのアパートローンをけっこう獲得しました。アパートローンは、親族の担保提供や、収入合算がある場合があります。推定相続人を連帯保証人とすることが多いですが、公正証書を作らなければいけないのですか。お客様にどうやって説明したらいいのか悩みますね。そうすると投資用マンションも事業に該当してしまうのでしょうか。

融資課長　投資用マンションが「事業のために負担した貸金等債務」に該当するかについては個別具体的に判断することになると言われているんだ。基準は明確ではないんだ。案件が出たらその都度本部に相談することになるね。

新任担当　保証をマスターするには、「事業融資」とは何かを、まず確認しないといけませんね。

(1)「事業のために負担した（する）貸金等債務」の範囲【49頁参照】

　「事業」は一定の目的をもって同種の行為を反復継続的に行うことで、営利の目的をもって行われるものかどうかは問いません。そして「事業のために負担した（する）貸金等債務」とは、借主が借り入れた

金銭等を自らの事業に用いるために負担した貸金等債務をいいます。

そして、「事業のために負担した（する）貸金等債務」であるかは、貸金等債務を負担した時点を基準として、金融機関と借主との間でその貸付け等の基礎とされた事情に基づいて客観的に定まります。

つまり、貸主が事業資金であると説明して金融機関に申し込み、金融機関がそのことを前提として融資をした場合には、実際に事業資金に使用されたかを問わず「事業のために負担した（する）貸金等債務」に該当します。また、店舗や事務所等の併用住宅ローンは、金融機関では居住部分の床面積が2分の1以上あれば、非事業性である住宅ローンとし取り扱っていますが、貸金等の一部分でも事業目的があると「事業のために負担した（する）貸金等債務」となる点は注意が必要です。

そのほか、賃貸を目的とする不動産を購入（建築）するアパートローンも「事業のために負担した（する）貸金等債務」に該当します。

他方で、子供の教育資金や居住用不動産購入のための貸金等債務は「事業のために負担した（する）貸金等債務」に該当しません。また、借主が事業以外の資金使途であるとして金融機関に融資を申し込み、金融機関が申込みの事情が客観的に事業資金ではないと認識をして貸し付けた場合には「事業のために負担した（する）貸金等債務」に該当しないと考えられます。

そのほか、投資用マンションの購入が「事業のために負担した（する）貸金等債務」に該当するか否かの判断については、将来主債務者本人等が利用することが予定されている等の特段の事情があれば該当しないとの考え方があります（足立格、『銀行法務21』2020年1月号13頁）。

チェックポイント

「事業性融資」の判断は、個別具体的な事情に応じて、皆さんの金融機関の本部や顧問弁護士に相談しましょう。

(2) 事業融資のための第三者担保提供の預金担保融資【51頁参照】

　新民法のもとで事業融資のための第三者提供の預金担保融資には注意が必要です。

　従来の定期預金等の担保差入証は、担保提供者が連帯保証人を兼ねています。そして、新民法では、預金担保融資であっても、経営者以外の個人の第三者が保証人となる場合には保証意思宣明公正証書の作成が必要になります。

　定期預金担保差入証で担保提供者が連帯保証人を兼ねている理由は、連帯保証人の担保預金に差押えがあった場合には、取引約定書により期限の利益を喪失するので、相殺によって回収ができるようにすることがあるからです。

　ところが、担保提供者が連帯保証人を兼ねない場合には、相殺ができないので、質権実行によることになり、そのためには質権の対抗要件である確定日付をとる必要があります。

チェックポイント

　皆さんの金融機関における新民法対応の、事業融資の経営者以外の第三者担保提供の定期預金担保差入証や取扱い方法について、事務取扱要領やマニュアルを確認しておきましょう。

新任担当と融資課長による新民法Q&A❻

新任担当　新民法では、「事業融資」で経営者以外の個人の第三者が保証人になる場合には、保証意思宣明公正証書の作成が必要になるんでしたね。公正証書というと、公正証書遺言のときの公証役場で作るものですね。

融資課長　そうだね、公証役場は全国に約300か所あって、公証人は約500人いるそうだ。

[監督指針の第三者保証の範囲]

新任担当　第三者保証というと、保証協会や監督指針で、例外的

に第三者保証が可能な場合があるので、民法改正があっても影響はないのかと思うのですが、違うのですか。

融資課長 保証協会や監督指針では、第三者保証が可能な場合があるね。どんな場合だったかな。

新任担当 大きくは、次の３つの場合に連帯保証人になることができますね。

①実質的な経営権を有している者、営業許可名義人または経営者本人の配偶者（当該経営者本人とともに当該事業に従事する配偶者に限る）が連帯保証人となる場合

②経営者本人の健康上の理由のため、事業承継予定者が連帯保証人となる場合

③財務内容その他の経営の状況を総合的に判断して、通常考えられる保証のリスク許容額を超える保証依頼がある場合であって、当該事業の協力者や支援者から積極的に連帯保証の申し出があった場合（ただし、協力者等が自発的に連帯保証の申し出を行ったことが客観的に認められる場合に限る）

この保証人の範囲と、新民法による保証人の範囲は同じでしょうか、それとも違うのでしょうか。

新民法の第三者保証の範囲

融資課長 新民法で、事業融資について経営の内容をよく知っているとして、保証意思宣明公正証書を作成しないで保証人になることができる個人は、次のようになっているんだ。

①　主たる債務者が法人である場合のその理事、取締役、執行役またはこれらに準ずる者

②　主たる債務者が法人である場合の次に掲げる者

イ　主たる債務者の総株主の議決権（株主総会において決議をすることができる事項の全部につき議決権を行使することができない株式についての議決権を除く）の過半数を有する者

ロ　主たる債務者の総株主の議決権の過半数を他の株式会社が

　　　有する場合における当該他の株式会社の総株主の議決権の過
　　　半数を有する者
　ハ　主たる債務者の総株主の議決権の過半数を他の株式会社お
　　　よび当該他の株式会社の総株主の議決権の過半数を有する者
　　　が有する場合における当該他の株式会社の総株主の議決権の
　　　過半数を有する者
　ニ　株式会社以外の法人が主たる債務者である場合におけるイ、
　　　ロまたはハに掲げる者に準ずる者
　③　主たる債務者（法人であるものを除く）と共同して事業を
　　　行う者または主たる債務者が行う事業に現に従事している主
　　　たる債務者の配偶者

新任担当　これが、新民法の第三者保証の基準ですか。こうした
　地位に該当しないと、公正証書を作らないといけないわけです
　ね。

融資課長　今までの監督指針の基準と比べると、営業許可名義や
　事業承継予定者や、協力者や支援者から積極的に連帯保証の申
　し出があっただけの場合では、新民法の公正証書作成適用除外
　に該当しないと、公正証書の作成が必要になるんだ。

　| 配偶者の保証 |

新任担当　配偶者は、公正証書作成除外に当たっているので一安
　心ですね。

融資課長　そうとも言えないんだ。新民法では、債務者である個
　人事業主の行う事業に現に従事している配偶者であることが要
　件になっているんだ。

新任担当　個人事業主の配偶者の方には、青色申告の専従者にな
　っていることが多いので、公正証書は作らなくていいのですよ
　ね。

融資課長　そうとも言えないんだ。「現に従事している」ことの確
　認が必要になる。

新任担当　配偶者というと、事実婚でもよいでしょうか。

融資課長　法律婚に限るんだ。そして債務者である個人事業主の事業に「現に従事している」とは、単に書類上事業に従事しているというだけでなく、保証契約の締結の時だけ一時的に従事したのでは、現に従事しているに該当しないことになるね。地域金融機関は、保証人とも面談することが多いから、現に従事していることの確認もできると考えられるね。そのうえで、保証人になる方から表明保証を提出していただくことになるね。

新任担当　公正証書作成の適用除外には、取締役や、議決権の過半数を持つ個人株主もありますね。どんな場合が該当するのか、どんな確認資料が必要かを知らないと、もし該当しなかった場合には、公正証書を作成していないので、保証契約は無効になってしまい困ったことになりますね。もう少し勉強を続けることにします。

(3) 保証意思宣明公正証書の作成適用除外となる経営者等の範囲

【54頁参照】

〈改正点の概要〉

「事業のために負担した（する）貸金等債務」を主債務とする個人の保証契約では、個人的情義などによりされることがあり、また、保証契約締結の際に保証契約のリスクを十分に自覚しないまま契約をすることがあり、事業融資では保証債務が多額になることがあります。

　新民法は、事業融資で下記①～④の経営者等を除く個人が保証人となる場合には保証意思を保証人に宣言する保証意思宣明公正証書を、保証契約に先立つ1か月以内に作成する必要があります。

　①　「主債務者が法人である場合のその理事、取締役、執行役またはこれらに準ずる者」の範囲

　新民法は、中小企業の資金調達に支障が生じないようにしつつ、個

人がリスクを十分に自覚せず安易に保証人になることを防止するため
に、事業のために負担した貸金等債務を主債務とする保証契約を全面
的に禁止するのでなく、主債務者の取締役などが保証人となる場合に
は、これらの者は主債務者の状況を十分に認識せずに保証契約を締結
するおそれが低いと考えられることから、公証人による保証意思の確
認の手続きを不要とする適用除外としています。

　イ　「理事・取締役・執行役」とは

　　法律上正式に、理事・取締役・執行役の地位にある者です。

　ロ　「理事・取締役・執行役に準ずる者」とは

　　株式会社や一般社団法人以外の各種の法人において、理事、取締
役等と同様に、「法律上正式に」法人の重要な業務執行を決定する機
関・その構成員の地位にある者です（宗教法人の責任社員など）。

②　過半数の議決権を有する個人株主

　新民法では、事業のために負担した貸金等債務を保証する保証債務
であっても、主債務者が法人であり、かつ、保証人がその法人の議決
権の過半数を有する個人である場合には、保証意思宣明公正証書の作
成を要しません。

　なお、会社が株主総会において議決権を行使することができる事項
について異なる定めをしているかは、会社の定款で確認することがで
きます。

　議決権を有する株主は会社法による株主名簿（ⅰ.株主の氏名または
名称および住所、ⅱ.株主の有する株式の数（種類株式発行会社にあっ
ては株式の種類および種類ごとの数）、ⅲ.株主が株式を取得した日、
ⅳ.株式会社である場合には株券が発行されている株券の番号）の、「ⅱ.
株式の種類・種類ごとの数」により確認することになります。

③　主たる債務者（法人であるものを除く）が行う事業に現に従事
　　している債務者の配偶者

　「事業に現に従事している」とは、契約締結時にその主債務者が行う
事業に実際に従事していることが必要であり、単に書類上事業に従事

しているだけであったり、一時的に従事しているだけでは足りません。

　事実婚の配偶者ではなく、法律婚であることが必要です。

　確認資料としては、戸籍謄本のほか、住民票があります。

　④　共同して事業を行う者

　組合契約など事業を共同で行う契約などが存在し、それぞれが事業の遂行に関与する権利を有するとともに、その事業によって生じた利益の配分がされるなど事業の成功・失敗に直接的な利害を有する者です。

　具体例としては複数の弁護士・税理士等が共同で事務所を経営する場合があります。

(4) 表明保証【58頁参照】

　保証人が公正証書作成適用除外に該当することを、金融機関は保証人等から資料の提供を受けるほか、金融機関が独自に調査して確認することになります。そうした確認に加えて、保証人が金融機関に対して、保証人がそうした地位にあることの表明保証をし、保証人が公正証書作成適用除外に該当しない場合には、損害賠償義務を負う条項を盛り込むことが考えられます。

◎保証人が経営者等であることの表明保証文案

　●配偶者

　　私は、借主（個人事業主）の法律上の配偶者であり、借主の事業に実際に従事していることを表明します。この表明に誤りがある場合には、私は金融機関に生じる損害を賠償するものとします。

　●共同して事業を行う者

　　私は、借主（個人事業主）と共同して事業を営む者であることを確認書類を提出したうえで表明します。この表明に誤りがある場合には、私は金融機関に生じる損害を賠償するものとします。

　●法人である主債務者の取締役

　私は主債務者の取締役であることを、確認書類を提出したうえで表
明します。この表明に誤りがある場合には、私は金融機関に生じる
損害を賠償するものとします。

　こうした損害賠償義務も契約としては有効と考えられますが、金融
機関による損害賠償請求は、保証人が公正証書作成適用除外に該当す
ると偽るなどの帰責事由がある場合であって、金融機関が実際に被っ
た損害についてのみ可能と考えられます。

チェックポイント

　皆さんの金融機関の、事務取扱要領やマニュアルによる、保証人の
確認方法や確認資料をチェックしておきましょう。

中小・地域金融機関向けの総合的な監督指針　Ⅱ－3－2－1－2（2）		
（2）契約時点等における説明	①商品又は取引の内容及びリスク等に係る説明	ハ．個人保証契約については、保証債務を負担するという意思を形成するだけでなく、その保証債務が実行されることによって自らが責任を負担することを受容する意思を形成するに足る説明を行うこととしているか。 　例えば、保証契約の形式的な内容にとどまらず、保証の法的効果とリスクについて、最悪のシナリオ即ち実際に保証債務を履行せざるを得ない事態を想定した説明を行うこととしているか。 　また、必要に応じ、保証人から説明を受けた旨の確認を行うこととしているか。 ニ．経営者等との間で保証契約を締結する場合には、「経営者保証に関するガイドライン」に基づき、以下の点について、主債務者と保証人に対して丁寧かつ具体的に説明を行うこととしているか（Ⅱ－10－2参照）。 　a．保証契約の必要性 　b．原則として、保証履行時の履行請求は、一律に保証金額全額に対して行うものではなく、保証履行時の保証人の資産状況等を勘案した上で、履行の範囲が定められること

		c．経営者保証の必要性が解消された場合には、保証契約の変更・解除等の見直しの可能性があること
		ヘ．経営者以外の第三者との間で個人連帯保証契約を締結する場合（Ⅱ－11参照）には、契約者本人の経営への関与の度合いに留意し、原則として、経営に実質的に関与していない場合であっても保証債務を履行せざるを得ない事態に至る可能性があることについての特段の説明を行うこととしているか。併せて、保証人から説明を受けた旨の確認を行うこととしているか。 **（注）契約者本人が経営に実質的に関与していないにもかかわらず、自発的に連帯保証契約の申し出を行った場合には、金融機関から特段の説明を受けた上で契約者本人が自発的な意思に基づき申し出を行った旨が記載され、自署・押印された書面の提出を受けるなどにより、当該契約について金融機関から要求されたものではないことを確認しているかに留意する。**
	②契約締結の客観的合理的理由の説明	ハ．保証契約→【186頁参照】

11 保証意思宣明公正証書【63頁〜参照】

（1）保証契約締結に先立つ１か月の判定

　新民法では、保証人が個人である事業のために負担した貸金等債務について、個人がリスクを十分に自覚せず安易に保証人になることを防止するために、公的機関である公証人が保証人になろうとする者の保証意思を、保証契約締結に先立つ１か月以内に確認することとしたうえで、保証意思確認を受けていない保証契約は無効としています。

新任担当と融資課長による新民法 Q&A❼

保証意思宣明公正証書が必要になる保証人

新任担当　保証意思宣明公正証書はどんな場合に必要になるので
しょうか。

融資課長　事業融資について、経営者等以外の個人が保証人にな
る場合には、保証契約締結に先立つ1か月以内に公正証書を作
成する必要がある。

新任担当　保証人になろうとする者が、以下のようないわゆる経
営者等に該当する場合には、公正証書の作成は不要ですね。

①主たる債務者が法人である場合のその法人の理事・取締役等
または総株主の議決権の過半数を有する者であるとき

②主たる債務者が個人である場合の共同事業者または主たる
債務者が行う事業に現に従事しているその配偶者などが保
証人になろうとする者であるとき

保証意思宣明公正証書の作成の手順

融資課長　保証意思宣明公正証書作成の流れは以下のようになる。

①保証人になろうとする者は、公証人に対し、保証意思宣明公
正証書の作成を嘱託し、保証契約締結日の前1か月以内の日
を作成日と決め、事前に保証契約に関する資料を送付するな
どしたうえ、作成日時に公証役場に赴くことになる。

②必ず保証人になろうとする者本人が出頭しなければならず、
代理人による嘱託はできない。

③保証人になろうとする者は、公証人に対し、主たる債務の内
容など法定された事項（新民法465条の6第2項1号）を述
べる（口授する）ことによって、保証意思を宣明する。

④公証人は、保証人になろうとする者が、主たる債務の具体的
な内容を理解しているか、また、保証契約を締結した場合、
主たる債務が履行されなければ自らが保証債務を履行しな
ければならなくなることなどを理解しているかどうかを確

認するなどして、保証意思を確認する。

⑤公証人は、保証意思のあることが確認され、その他に嘱託を拒否すべき事由がない場合には、保証人になろうとする者が述べた内容を筆記する（事前に嘱託人から提出された資料に基づいて用意していた証書案を利用することもある）。

⑥公証人は、保証人になろうとする者に筆記した内容を読み聞かせ、または閲覧させて、保証意思宣明公正証書の内容を確認させる。

⑦保証人になろうとする者が、当該証書の内容が正確なことを承認して署名押印し、公証人が当該証書に署名押印するという手順で作成する。

⑧保証人になろうとする者に対しては、その請求により、公証人が原本に基づいて作成し、その旨の証明文言を付した保証意思宣明公正証書の写しである正本または謄本が交付される。

（2）保証契約締結に先立つ1か月以内の計算【67頁参照】

　保証意思宣明公正証書は、保証契約締結に先立つ1か月以内に作成する必要がありますが、民法によるこの計算には、以下の注意点があります。

民法140条（改正なし）
第140条　日、週、月又は年によって期間を定めたときは、期間の初日は、算入しない。ただし、その期間が午前零時から始まるときは、この限りでない。
民法143条の期間の計算（改正なし）
（暦による期間の計算） 第143条　週、月又は年によって期間を定めたときは、その期間は、暦に従って計算する。 2　週、月又は年の初めから期間を起算しないときは、その期間は、最後の週、月又は年においてその起算日に応当する日の前日に満了する。ただし、月又は年によって期間を定めた場合において、最後の月に応当する日がないときは、その月の末日に満了する。

保証契約締結に先立つ1か月以内とは

保証契約締結日	前1か月の、起算日	前1か月の、期間開始日
月の終わりから1か月を起算しないときは、その期間を遡る計算は、その起算日に応答する日の翌日から開始（140条本文） （1か月遡っての期間の計算の際は、その締結の日は算入しない（初日不算入の原則（140条本文））		
4月2日	4月1日	3月2日（休日であっても同様）
月の終わりから1か月を起算しないときは、その期間を遡る計算は、その起算日に応答する日の翌日から開始（143条2項） （起算日に応答する日がない場合は、その期間を遡る計算は、起算日が属する月の初日から開始）		
3月31日	3月30日	3月1日（休日であっても同様）
月の終わりから1か月を起算するときは、その期間はその月の初めから開始（143条1項）		
4月1日	3月31日	3月1日（休日であっても同様）

チェックポイント

皆さんの金融機関の、保証契約締結前1か月の計算方法を確認しておきましょう。

新任担当と融資課長による新民法 Q&A ❽

「経営者保証に関するガイドライン」の特則

融資課長 新任担当君は、新民法以外の保証の知識は、融資の研修でひととおり勉強してきたね。

新任担当 融資課に来たばかりなのに、新民法のことも覚えなくちゃいけないので、えらいときに異動になりましたね。

融資課長 新任担当君なら若いから対応ができるだろうと、支店長に見込まれたのだから、一緒にマスターすることにしよう。

新任担当 課長も新任担当と一緒にこれからマスターするんですか。

融資課長 2月に本部説明会があって、その時初めて新民法を知ったんだから、新人君と50歩100歩だ。2月から3月にかけて、

本部から契約書改定の通達がたくさん来ているから、まずはそれを読みこなして、日常業務の対応をしていこう。

新任担当 課長が本部からの通達を読んで、日常業務に影響が大きいと思うのは、どの改正事項ですか。

融資課長 この前、新任担当君に説明した、事業融資の保証人に経営者以外の個人の第三者がなる場合には、公正証書の作成が必要になる改正だな。

新任担当 金融庁は、担保・保証に依存しないで金融仲介機能を発揮しようと言ってますよね。

融資課長 そうなんだ。当金融機関の取組みとしては、保証の二重徴求の禁止の経営者保証ガイドラインが適用開始になっていることと合わせて、第三者保証を徴求しない基本方針としているんだ。

新任担当 その基本方針なら、2020年4月以降は原則として、第三者保証人を徴求しないので、第三者保証で公正証書を作成することはないということですね。

> 旧民法の下で締結された保証契約でも公正証書の作成が必要な場合がある

融資課長 新任担当君が言うように、2020年4月以降は原則として、当金融機関では、第三者保証は原則取り扱わなくなっているんだけれど、新民法施行日前に締結された保証契約の主債務を条件変更して保証契約を変更する場合などに、公正証書を作成しなければいけない場合があるんだ。【76頁参照】

新任担当 新民法は、2020年4月以降の保証契約から適用されることになっているのに、変ですね。

融資課長 原則はそうなんだが、新民法施行日後に当事者の合意によって保証契約を更新したり、主債務の不利益変更をしたときは、当事者はその契約に新法が適用されると予測していると考えられるので、施行日後に新たに契約がされたときと同様に、改正後の新しい民法が適用されるんだ。

新任担当 そうすると、第三者保証の新規実行はないとしても、旧民法のもとで締結された保証契約に関して主債務が不利益変更されたり根保証契約の極度額を増額したり更新・延長する場合には、既存の保証人が、新民法の公正証書作成の適用除外に該当しなければ、公正証書を作成しなければならない場合があるのですね。

融資課長 そういうことなんだ。3月までに、実行済融資のうち、新民法下で経営者等に該当しない、保証意思宣明公正証書の作成が必要になる第三者の個人保証人を洗い出してあるんだ。そうした保証人がある主債務を条件変更したり、根保証契約を更新・延長する場合には、保証人にとって不利益変更になるときは、公正証書の作成が必要になるわけだ。

新任担当 それでは、どんな条件変更をするときに、公正証書の作成が必要になるのですか。

保証意思宣明公正証書の法定口授事項とは何か

融資課長 それは、変更内容が公正証書の法定口授事項である場合には公正証書の作成が必要になると考えられるんだ。

新任担当 法定口授事項というと、特定債務保証では、主債務の元本と従たる債務である利息・違約金・損害金等についての定めの有無およびその内容がありますね。ところが、弁済期日や弁済方法は口授事項ではありませんね。

融資課長 そこが大事な点なんだ。利息・違約金・損害金等を不利益変更する場合には、公正証書の作成が必要になるんだ。それでは、根保証契約の口授事項はどうなっているのか確認してみよう。

新任担当 根保証契約の法定口授事項は、主債務の範囲、根保証契約における極度額、元本確定期日の定めの有無およびその内容ですね。そうすると、根保証契約では、極度額を増やしたり、元本確定期日を更新・延長する場合には、公正証書の作成が必

要になりますね。

融資課長　そうなんだ。新規の第三者保証がなくなっても、既存の保証人の日常管理で公正証書を作成しなければならない場合があるんだ。

　そのほか、法定口授事項の同一性に疑義が生じる保証内容の変更がある場合には、再作成が必要になる場合もある。

(3) 事業のために負担した貸金等債務を主債務とする「特定債務保証」について保証意思宣明公正証書が作成される際の法定口授事項

【72頁参照】

①主債務の債権者および債務者

②主債務の元本と従たる債務である利息・違約金・損害金等についての定めの有無およびその内容

③主債務者がその債務を履行しないときには、その債務の全額について履行する意思（保証人予定者が連帯保証債務を負担しようとする者である場合には、債権者が債務者に対して催告したかどうか、主債務者がその債務を履行することができるかどうか、または他に保証人があるかどうかにかかわらず、その全額について履行する意思）を有していること

※特定債務保証の主債務の最終期限、返済方法は、法定口授事項ではありません。

注意点として、次の２つがあります。

イ　金額の口授は、１億円の貸金等債務について保証することを口授するほか、上限として１億円以内で貸し付ける貸金債務に保証することを口授することも可能。

ロ　利息や違約金が数値によって定められている場合には、年２％などと口授し、具体的な数値によって定められていない場合には、変動の定めを口授することになり、上限を定めた金利として口授することもできる。

(4) 事業のために負担した貸金等債務が含まれる「根保証契約」についての保証意思宣明公正証書が作成される際の法定口授事項

【74頁参照】

①主債務の債権者および債務者

②主債務の範囲、根保証契約における極度額、元本確定期日の定めの有無およびその内容

③主債務者がその債務を履行しないときには、極度額の範囲において元本確定期日または元本確定事由が生ずる時までに生ずべき主債務の元本および従たる債務の全額について履行する意思（保証人予定者が連帯保証債務を負担しようとする者である場合には、債権者が債務者に対して催告したかどうか、主債務者がその債務を履行することができるかどうか、または他に保証人があるかどうかにかかわらず、その全額について履行する意思）を有していること

（注）元本確定期日は、その定めがある場合は定めの内容、定めがない場合にはその旨を口授。根保証契約の、主債務の利息・違約金・損害金等は法定口授事項ではない。

12 保証意思宣明公正証書の経過措置対応【76頁参照】

(1) 根保証契約

新民法の施行日後に、債務や保証契約の内容を変更する際に、保証意思宣明公正証書を作成して有効に成立した根保証契約の更新は、（新民法の施行日後に保証意思宣明公正証書が作成されて根保証契約が有効に成立した後に、その保証契約を合意により更新する場合と同様に）、公証人によって保証人の保証意思を改めて確認する必要があるので、保証意思宣明公正証書を改めて作成しなければなりません。

一方、新民法施行前に、事業のために負担した貸金等債務を保証す

る根保証契約が締結された場合に、新民法の施行日以後にその根保証契約を合意により更新する（元本確定期日を変更して延長・主債務の範囲を拡張する方法等）ときは、保証意思宣明公正証書を作成しなければなりません。

　なお、新民法施行前に、事業のために負担した貸金等債務を保証する根保証契約が締結された場合に、新民法の施行日以後にその根保証契約の、個々の主債務の元本や利息については法定の口授事項ではないので、これらについて新法の施行日以後に変更があっても、保証意思宣明公正証書を作成する必要は原則としてありません。

(2) 特定保証契約

　新民法の施行日前に、事業のために負担した貸金等債務を保証する保証債務が締結された場合に、債権者と債務者の間で主債務の内容を変更しても、その変更の内容が保証意思宣明公正証書の法定の口授事項でなければ、基本的に保証意思宣明公正証書の作成は不要です。

　新民法の施行日後に、保証意思宣明公正証書が作成され、保証契約が成立した後に、主債務の内容を変更しようとするときに、その変更内容が保証債務を加重するものであるときは、その変更の内容が保証意思宣明公正証書の法定の口授事項であれば、保証意思宣明公正証書を改めて作成しなければなりません。

　新民法の施行日後に、保証意思宣明公正証書が作成され、保証契約が成立した後に、主債務の内容を変更しようとするときに、保証意思宣明公正証書の法定の口授事項を変更するものであっても、固定利率の引下げなど保証人にとって有利なものであれば、保証意思宣明公正証書の作成は不要です。

(3) 保証条件の変更により保証意思宣明公正証書の(再)作成が必要になる場合

　保証意思宣明公正証書の作成が必要な場合に、これを作成しないと

保証契約は無効になるので、新規に作成する場合だけでなく、保証債
務の条件変更があった場合にも（再）作成の要否を判断する必要があ
ります。

　この判断にあたり、保証意思宣明公正証書の法定口授事項の変更で
あって、かつ、保証人にとって不利益となる変更は、保証契約の重要
な部分の変更となり、保証人の意思により新たな保証契約が締結され
たとみることができるので、保証意思宣明公正証書の（再）作成が必
要になると考えられます。

　一方で、変更内容が保証意思宣明公正証書の法定口授事項でない場
合には、保証契約の重要な部分を変更するものではなく、原則として
保証意思宣明公正証書の（再）作成は不要と考えられます。以上をま
とめたものが、以下の表です。

特定債務保証の主債務の金利引上げ	
・**新民法施行日後**に、特定債務保証で ある保証意思宣明公正証書を作成し た場合 ・新民法施行日後に主債務の金利引上 げをして、保証契約の内容を変更す る場合	・**新民法施行日前**に、事業のために負 担した貸金等債務の特定債務保証で ある保証契約を締結した場合に ・新民法施行日後に主債務の金利引上 げをして、保証の内容を変更する場 合
保証内容が、保証人予定者が締結しようとする保証契約が事業貸金等債務を主 債務とする「特定債務保証契約」である場合では、法定口授事項であって、か つ、変更内容が保証人にとって不利益であるか否かにより、保証意思宣明公正 証書の（再）作成の要否が判断される。	
主債務の利息等は法定口授事項であるため、金利引上げは不利益変更であるこ とから保証意思宣明公正証書の（再）作成が必要。保証人の事前の同意が必要	

特定債務保証の主債務の弁済期日延長	
・**新民法施行日後**に、特定債務保証である保証意思宣明公正証書を作成した場合 ・新民法施行日後に主債務の弁済期日を延長して、保証契約の内容を変更する場合	・**新民法施行日前**に、事業のために負担した貸金等債務の特定債務保証である保証契約を締結した場合に ・新民法施行日後に主債務の弁済期日を延長して保証の内容を変更する場合

保証内容が、保証人予定者が締結しようとする保証契約が事業貸金等債務を主債務とする「特定債務保証契約」である場合では、法定口授事項であって、かつ、変更内容が保証人にとって不利益であるか否かにより、保証意思宣明公正証書の（再）作成の要否が判断される。

主債務の弁済期日は法定口授事項ではないため、弁済期日の延長は保証意思宣明公正証書の（再）作成は不要。ただし、保証人の事前の同意が必要

根保証契約の主債務の金利引上げ	
・新民法施行日後に、根保証である保証意思宣明公正証書を作成した場合 ・新民法施行日後に根保証契約の主債務の金利引上げをする場合	・新民法施行日前に、事業のために負担した貸金等債務の根保証であるとする保証契約を締結した場合に ・新民法施行日後に根保証契約の主債務の金利引上げをする場合

保証内容が、保証人予定者が締結しようとする保証契約が事業貸金等債務を主債務とする「根保証契約」である場合では、法定口授事項であって、かつ、変更内容が保証人にとって不利益であるか否かにより、保証意思宣明公正証書の（再）作成の要否が判断される。

根保証契約の主債務の金利は法定口授事項ではなく、保証意思宣明公正証書の（再）作成は不要。ただし、保証人の事前の同意が必要

根保証契約の更新・延長	
・新民法施行日後に、根保証である保証意思宣明公正証書を作成した場合 ・新民法施行日後に根保証契約の更新・延長をする場合	・新民法施行日前に、事業のために負担した貸金等債務の根保証である保証契約を締結した場合に ・新民法施行日後に根保証契約の更新・延長をする場合
保証内容が、保証人予定者が締結しようとする保証契約が事業貸金等債務を主債務とする「根保証契約」である場合では、法定口授事項であって、かつ、変更内容が保証人にとって不利益であるか否かにより、保証意思宣明公正証書の（再）作成の要否が判断される。	
根保証契約の極度額・元本確定期日は法定口授事項であり、その延長・更新は不利益変更であることから保証意思宣明公正証書の（再）作成が必要。保証人の事前の同意が必要	

13 保証人に対する情報提供義務【82頁参照】

(1) 主たる債務者の保証人に対する情報提供義務

　保証人になるにあたり、主債務者の財産や収支の状況などをあらかじめ把握し、保証債務の履行について現実に求められるリスクを検討することが重要です。事業のために負担する債務は極めて多額となることがあり、保証人の責任が重くなることになるので、保証人が主債務者の財産や収支の状況を把握して、保証人となることが重要です。しかし、旧民法では、保証人になろうとする個人が主債務者の財産や収支の状況などに関する情報を得ようとしても、これを保障する制度はありませんでした。金融機関が、保証人からのこうした問合せに情報提供することは、守秘義務や個人情報保護法の問題となるおそれがあり、債権者である金融機関には躊躇がありました。

　新民法は、保証人が個人である場合に、事業のために負担する債務

を主債務とする保証または、主たる債務の範囲に事業のために負担する債務が含まれる根保証では、その委託をする主債務者は、自己の財産および収支の状況等に関する情報を、保証人になろうとする者に提供する義務があります（主債務者から「委託」がある保証人であることが重要になります）。

　主債務者がこの情報提供義務を怠った場合に、そのために保証人が誤認をし、情報提供義務違反があることを債権者である金融機関が知り、または知ることができたときは、保証人は保証契約を取り消すことができます。

新任担当と融資課長による新民法 Q&A ❾

保証人に対する情報提供義務とは【82頁参照】

融資課長　新民法の保証について、だいぶマスターしてきたね。公正証書作成の次は、情報提供義務だ。

新任担当　情報提供義務といっても、金融機関は守秘義務があるので、顧客情報を提供することは、守秘義務や個人情報保護法上も問題になるのではありませんか。

融資課長　そうだね、コンプライアンス研修の効果が出ていて頼もしいね。情報提供義務の範囲で守秘義務が解除されると考えられるんだ。保証人に対する情報提供義務には、2種類あるので確認しておこう。

　　1番目が、保証契約締結時に主債務者が委託を受けた保証人に情報提供をする義務を負う場合だね。

　　2番目は、金融機関が保証人に対する情報提供義務がある場合で、保証人から請求があった場合と、主債務者が期限の利益を喪失した場合があるんだ。

新任担当　情報提供も手ごわそうですね。ところで、主債務といわれましたが、もしかすると副の債務もあるのでしょうか。

融資課長　副の債務はないね。債務には、保証債務もあるので、

区別するために主債務と呼んでいるのだ。

新任担当　どうも言葉が引っかかると思考停止してしまうので、本題に戻って情報提供義務について教えてください。

主債務者の保証人に対する情報提供義務

融資課長　最初に、主債務者の保証人に対する情報提供義務を説明しよう。債務者から委託を受けた保証人は、保証契約締結に先立つ1か月以内に公正証書を作成しなければならない。保証人予定者が公正証書を作成する際には、主たる債務者から保証人予定者に対して次の事項を情報提供する必要があるんだ。

　①財産や収支の状況、②主たる債務以外に負担している債務の有無ならびにその額および履行状況、③主たる債務の担保として他に提供しまたは提供しようとするものがあるときはその旨およびその内容

　そして、主たる債務者が①〜③の情報提供をせず、または事実と異なる情報を提供したために、委託を受けた保証人予定者がその事項について誤認をし、それによって保証契約の申込みまたはその承諾の意思表示をした場合に、主たる債務者がその事項に関して情報を提供せず、または事実と異なる情報を提供したことを、債権者である金融機関が知りまたは知ることができたときは、保証人は保証契約を取り消すことができるんだ。

主債務者の保証人に対する情報提供義務違反による保証契約の取消し

新任担当　保証人予定者に情報提供をするのは主たる債務者なのに、情報提供義務違反があると、保証人と金融機関の間の契約である保証契約が取り消されるというのはびっくりですね。

融資課長　金融機関が〔主たる債務者がその事項に関して情報を提供せず、または事実と異なる情報を提供したことを、債権者である金融機関が知りまたは知ることができたとき〕の例としては、金融機関が知っている主債務者の財産状況などから考えて、直ちに保証債務の履行を求められることになるのは明らか

であり、通常であればおよそ第三者が保証するとは考え難いような場合であるにもかかわらず、説明の有無や内容について十分な確認を怠った時が考えられるんだ。

そのほか、保証人予定者が誤認をして保証契約をしたという因果関係が必要になるんだ。そして、保証することによる具体的なリスクの程度を見誤らせるような事項について、その誤認がなければ保証契約の締結をしない程度の誤認があったかどうかが重要になるんだ。例えば、主債務者に換価可能な資産がある、あるいは一定の収益があるといった事情は保証契約のリスクを低減させるものだ。だから、主債務者に不動産などの換価可能な資産があると説明があったにもかかわらず、そのような資産がないといったケースや、収益が上がっているとの説明があったにもかかわらずまったく収益がないといったケースなどは、通常、取消権を行使するに足りる誤認があったと認められると言われているんだ。

新任担当　保証契約が取り消されることになっては困るので、主債務者が行う保証人に対する情報提供について、金融機関は関心を持つ必要があるということになりますね。それでは、主たる債務者が保証人予定者に情報提供をしたことを、表明保証してもらうことで、保証契約が取り消されることを防ぐことはできるのではないでしょうか。

融資課長　表明保証の効果として、主債務者や保証人が、保証契約を取り消すことができないとすることはできず、損害賠償を請求できないのではないかといわれている。しかし、表明保証は、主債務者が情報提供をし、保証人が情報提供を受けたことを金融機関が確認したことの資料になり、債務者が正確な情報提供をすることを促す効果はあると考えられるね。

(2) 保証契約締結時の、主たる債務者の委託を受けた保証人に対する 情報提供義務の内容【87頁参照】

① 「財産および収支の状況」の情報提供資料としては、企業の場合には、財産の状況については貸借対照表があり、収支については損益計算書があります。

② 「主たる債務以外に負担している債務の有無ならびにその額および履行状況」の情報提供資料としては、企業の場合は貸借対照表、個人事業主の場合には確定申告の財産債務調書などが該当します。また、履行状況の情報としては、履行遅滞がある場合にはそのことを伝えることになります。

③ 「主たる債務の担保として他に提供し、または提供しようとするもの」の情報提供資料としては、主債務者が設定し、または設定しようとしている物的担保や、主債務者が委託し、または委託しようとしている第三者設定の物的担保や、主債務者が委託し、または委託しようとしている保証についての情報があります。

(3) 主たる債務者の保証人に対する情報提供義務違反による保証の取消し【89頁参照】

① 　保証契約の取消しの要件

イ　主たる債務者が法定事項の情報提供をせず、または事実と異なる情報を提供したこと

ロ　委託を受けた保証人がその事項について誤認をし、保証契約の申込みまたは承諾の意思表示をしたこと

ハ　主たる債務者がその事項に関して情報を提供せず、または事実と異なる情報を提供したことを、債権者（金融機関）が知りまたは知ることができたとき

イについては、主債務者がなんらの情報も提供していなければ、情報を提供しなかったことになります。

ロについては、主債務者が情報提供をしなかったとしても、保証人

が実際の事情を知っていた場合には、「誤認」はないことになります。

　ハについては、債権者（金融機関）が知っている主債務者の財産状況などから考えて、通常であればおよそ第三者が保証するとは考え難いような場合に説明の有無や内容について十分な確認を怠ったときがあります。

　②　表明保証があれば金融機関は安心か

　主たる債務者の保証人に対する情報提供の事実を金融機関によって確認することがあります。この表明保証があっても、金融機関は主債務者とずっといろいろな取引があって、明らかに説明を受けた事項が虚偽であったと普通であればわかるような場面では、表明保証があったとしても、直ちに無過失とはいえないと考えられます。

◎主債務者の保証人に対する、契約締結時の情報提供の表明保証文例

【名宛・金融機関／保証人】

　　　　　　　　　　　【作成者・主債務者　記名捺印】
　　　　　　　　　　　　記

　主債務者は、保証人に対して保証を委託するにあたり、民法465条の10に基づき、以下の情報の提供を行いましたので報告します。

　①財産および収支の状況

　②主たる債務以外に負担している債務の有無ならびにその額および収支の状況

　③主たる債務の担保として他に提供し、または提供しようとしているものがあるときは、その旨およびその内容

　主債務者は、上記の事実に相違がある場合には、主債務者の金融機関に対するすべての債務の期限の利益を喪失することを確認し、金融機関に損害が発生した場合にはこれを賠償します。

【確認欄・保証人】

　私は、主債務者から保証人となる委託を受け、上記①〜③の情報の提供を受けました。

【保証人　署名捺印】

〈文例の説明〉【83頁参照】

　保証人は、債務者の委託を受けて契約締結時の主債務者の保証人に対する情報提供義務と、保証契約締結後の金融機関の保証人から請求があった場合の情報提供義務は、債務者から委託を受けた保証人が対象であることから、契約書上も委託がある保証人であることを明確にしておきます。

◎金銭消費貸借契約の文例

　保証人は債務者から保証の委託を受けてこの契約を締結するにあたり、債務者から民法465条の10第1項に定める以下の事項の情報提供を受けたことを表明します。
- ・債務者の財産の状況、収支の状況
- ・債務者が本債務以外に負担している債務の有無ならびにその額および履行状況
- ・債務者が、本債務の担保として他に提供し、または提供しようとするものがあときは、その旨およびその内容

◎保証人についてのみなし到達の文例【92頁、228頁参照】

　保証人は、印章、氏名、名称、商号、代表者、住所その他届出事項に変更があった場合は、直ちに書面により金融機関に届け出るものとします。

　保証人が、住所変更の届出を怠る、あるいは保証人が金融機関

からの通知または送付書類等を受領しないなど、保証人が責任を
負わなければならない事由による通知または送付書類が延着し
または到達しなかった場合は、通常到達すべき時に到達したもの
とします。

チェックポイント

　債務者の保証人に対する情報提供義務は、その義務違反を金融機関
が知っている場合には、保証人が保証契約を取り消すことができます。
皆さんの金融機関がどのように債務者や保証人から情報提供がされた
ことを確認するかについて、通達・事務取扱要領・マニュアルにより
その方法をよく確認して、対応しましょう。

(4) 保証契約締結後の債権者（金融機関）の保証人に対する情報提供義務の内容【90頁参照】

新任担当と融資課長による新民法 Q&A ❿

金融機関（債権者）の保証人に対する情報提供義務

新任担当　情報提供義務には、金融機関の保証人に対する情報提
　供義務もありますね。

融資課長　①委託がある保証人から債務の履行状況の情報提供の
　請求があった場合と、②主たる債務者が期限の利益を喪失した
　場合の保証人に対する情報提供義務があるね。

新任担当　①の委託がある保証人から債務の履行状況の情報提供
　の請求があった場合について、委託があるか否かは、どうやっ
　て確認するのですか。当金融機関は他の金融機関と経営統合し
　ているので、保証人が債務者から委託を受けているのか明確で
　ない場合もあります。

融資課長　新民法対応の、保証契約書や、金銭消費貸借契約書を
　見てもらうと、「保証人は債務者から委託を受け」の追加文言が

ある。この文言の追加は、保証人に対する情報提供義務を考慮
して、契約上も委託があることを明確にするものだ。

新任担当　そうすると、委託がない保証人には、情報提供義務が
ないことになるのでしょうか。

委託がない保証人への情報提供はどうする

融資課長　実務上、委託がない保証は例がないと思うけれど、新
民法では情報提供義務がないことになるね。なお、この保証人
からの請求による情報提供は、2020年4月1日以後に締結され
た保証契約に適用されるんだ。

新任担当　改正法施行日前に締結した保証契約の保証人から債務
の履行状況の情報提供請求があった場合には、回答をする必要
がないのでしょうか。

融資課長　新民法は、金融機関が守秘義務や個人情報保護法の点
から、主債務者の債務の履行状況を保証人に提供することを躊
躇することがあるため設けられたものだ。ただし、委託を受け
ない保証人や、新民法施行日前に締結された保証契約の保証人
からの請求に基づく情報提供を禁止する規定ではないので、他
の法令や主たる債務者の同意を得て情報提供を判断することに
なる。委託がある保証人から情報提供の請求があった場合には、
当金融機関所定の回答の書式により対応することになる。

新任担当　②の主たる債務者が期限の利益を喪失した場合の、情
報提供請求ですが、通常は、主たる債務者が期限の利益を喪失
すると、内容証明郵便で通知をしているので、影響はないと考
えていいでしょうか。

融資課長　実務上は通知をする対応をしているので、影響はない
と考えられる。なお、通知が保証人に到達しない場合が考えら
れる。その場合には、公示送達をすることも考えられるが、新
民法対応の保証契約では、保証人についてもみなし到達の条項
を設けている。

①　委託を受けた保証人の情報提供請求

　委託を受けた保証人（個人・法人）は、主たる債務の履行状況について債権者（金融機関）に対して情報提供請求をすることができます。

　債権者（金融機関）の情報提供義務の内容は、主たる債務の元本および主たる債務に関する利息、違約金、損害賠償その他その債務に従たるすべてのものについて不履行の有無ならびにこれらの残額およびそのうち弁済期が到来しているものの額に関する情報です。金融機関がこの情報提供義務を怠ると損害賠償請求を受けるおそれがあります。

②　主たる債務者が期限の利益を喪失した場合の債権者（金融機関）
　　の情報提供義務

　委託の有無にかかわらず、主たる債務者が期限の利益を喪失した時は、債権者（金融機関）は保証人に対し、その利益の喪失を知った2か月以内にその旨を通知する必要があります。

　実務上、金融機関は主債務者が期限の利益を喪失した場合に（直ちに債務の全額を一括して支払う義務が生じる場合）、期限内にこの通知をしなかったときは、債権者は保証人に対して、主たる債務者が期限の利益を喪失した時からその通知を現にするまでに生じた損害金（期限の利益を喪失しなかったとしても生ずべきものを除く）について保証債務の履行請求ができません。

　この通知が到達しなかった場合でも、取引約定書や各種契約書にみなし到達の特約条項があれば、最終の届出の住所地に通知すれば到達したことになります。念のため保証人に対するみなし到達条項があることを確認しておきましょう。【92頁、225頁参照】

チェックポイント

　債務者の保証人に対する情報提供義務は、その義務違反を金融機関が知っている場合には、保証人が保証契約を取り消すことができます。

　皆さんの金融機関がどのように債務者や保証人から情報提供がされたことを確認するかについて、通達・事務取扱要領・マニュアルによ

りその方法をよく確認して、対応しましょう。

なお、監督指針でも、情報提供すべき場合が規定されています。

中小・地域金融機関向けの総合的な監督指針　Ⅱ－3－2－1－2（2）		
（2）契約時点等における説明	①商品又は取引の内容及びリスク等に係る説明	ト．経営者以外の第三者と根保証契約を締結する場合には、原則として、契約締結後、保証人の要請があれば、定期的又は必要に応じて随時、被保証債務の残高・返済状況について**情報を提供**することとしているか。
		チ．信用保証協会の保証付き融資については、利用する保証制度の内容や信用保証料の料率などについて、顧客の知識、経験等に応じた適切な**説明**を行うこととしているか。

営業店の皆さんが
日常業務で
【もう少し知りたい】ときの

民法改正と
中間・途上管理の
チェックポイント
― 債務引受・弁済

1 債務引受の明文化【99頁〜参照】

　免責的債務引受は、旧債務者が債務関係から脱退して新債務者と交替するもので、併存的債務引受は、旧債務者と新債務者とがともに債務者となり、両者が連帯債務者となるものです。

新任担当と融資課長による新民法 Q&A⓫

債務引受の条文が新民法で新設

新任担当　債務引受の条文が新民法で設けられたのですが、今までも、法人成りや相続で、債務引受は使われてきましたね。

融資課長　旧民法では、条文には債務引受の規定はなく、判例によって実務を取り扱ってきたんだ。新民法によって、債務引受の利用範囲が拡大すると考えられるので、よく勉強しておくとよいね。

新任担当　新民法の債務引受には、併存的債務引受と免責的債務引受の条文ができましたね。併存的債務引受は聞きなれないのですが、どんな制度ですか。

併存的債務引受【99頁参照】

融資課長　併存的債務引受は、教科書や実務では一般的に重畳的債務引受と呼ばれていたものと同じだ。まず、併存的債務引受は、債務者と連帯して引受人が、債権者に対して債務者が負担する債務と同一の内容の債務を負担するものだね。債務者と引受人との契約によることもでき、債権者と引受人との契約によってもすることができることが明確になった。

新任担当　債務者と引受人は連帯債務の関係になるのですね。そうすると、連帯債務者の一人に対する請求が新民法では相対効になったことが関係しそうですね。この点は後で教えてください（93頁、96頁、104頁、後掲４238頁参照）。

融資課長　併存的債務引受は、債務者と引受人の関係が連帯債務となり、旧民法では、時効や連帯保証人の一人に対する請求が絶対効となっていたことから、取引関係が複雑になるためあまり使われてこなかったんだ。それが、相対効になったことから、利用が拡大されると言われているね。

免責的債務引受【101頁参照】

新任担当　免責的債務引受は、債権者・債務者・引受人三者の間の合意は必要でなくなりましたね。債権者と引受人の免責的債務引受は、旧民法下では判例では債務者の意思に反して認められないとされていましたが、新民法では債権者と引受人との契約による場合、その契約をしたことを債権者が旧債務者に通知したときに効力が生ずるとされました。債務者が行方不明の場合に、免責的債務引受が使えないかを弁護士さんに以前相談したところ、債務者の意思が確認できないので免責的債務引受は使えないと言われたことがあります。そういうことだったんですね。

融資課長　免責的債務引受は、債務者と引受人が契約をして、債権者が引受人に対して承諾をすることによってもできることが明文化された。

新任担当　免責的債務引受では、担保や保証は引受人の債務に引き継がれるのでしょうか。

融資課長　担保・保証の移転については、条文が設けられて明確になった。引受人以外の者が設定した場合には、その者の承諾が必要で、保証では書面によることが必要になる。担保については、元本確定前の根抵当権を引受人に移転することができないので、注意が必要になる。

免責的債務引受の顧客説明【101頁参照】

新任担当　免責的債務引受は、いままであまり使われてきませんでしたが、契約当事者の範囲が明確になったので、利用の場面

が広がりそうですね。

融資課長　免責的債務引受が多く利用されるようになると、金融機関はそのリスクを引受人に説明する事項があることに注意が必要になる。つまり、免責的債務引受は、引受人が債務者に求償をすることができないので、その点を引受人に説明して同意を徴求しておくことが必要だ。そのほか、求償権を発生させる場合には、別途、引受人と債務者の間で合意をする必要があることも引受人に説明したうえで、確認書などを徴求しておくことがトラブル防止になるね。

2　債務引受の旧民法の課題と改正概要【104頁参照】

　旧民法では、債務引受の明文規定はありませんでしたが、判例で認められており、債務者の意思に反しない限り、債権者と引受人との間ですることができるとされています。

(1) 併存的債務引受(重畳的債務引受)【99頁参照】

　併存的債務引受は、債務者の意思に反するときでもすることができます。

　併存的債務引受があった場合、特段の事情がない限り、原債務者と引受人との間は、連帯債務関係になります。

　旧民法下では、併存的債務引受は債務者と引受人の関係が連帯債務となり、時効や請求などによる絶対効があるため取引関係が複雑になるとの意見がありました。

　新民法では、時効などで相対効の範囲が広がったことから、今後の利用方法の議論が注目されています。

　なお、保証の趣旨で併存的債務引受を使うことも考えられますが、

債権者の説明の態様などに照らして、保証人になろうとする者の実質
的な意思が他人の債務を保証するために契約を締結するものであった
と認定できる場合には、その契約は連帯債務を負担する契約ではなく、
他人の債務を保証する保証契約と認定され、保証意思宣明公正証書に
関する規定が適用されることになるので注意が必要です。

(2) 免責的債務引受【101頁参照】

　旧民法下でも免責的債務引受の要件として、必ずしも三者間の合意
は必要ではなく、債権者と引受人との合意によって免責的債務引受が
成立することは、異論なく認められています。

　債権者と引受人との合意によって成立する免責的債務引受の要件と
して、債務者の意思に反しないことが必要かという点が問題になり、
判例は、債務者の意思に反する免責的債務引受は認められないとして
いましたが、批判がありました。

　新民法では、債権者と引受人との契約により免責的債務引受契約は、
債権者が旧債務者に対して、その契約をしたことを「通知」した時に
効力を生ずるとされました。

　また、債務者と引受人となる者が契約をし、債権者が引受人となる
者に対して承諾をすることによってもすることができることになりま
した。

　そのほか、免責的債務引受をした場合に、担保または保証の移転に
ついて規定が設けられました。注意点としては、元本の確定前に免責
的債務引受があった場合における債権者は根抵当権を引受人が負担す
る債務に移すことができないとする規定が新設されました（根抵当権
に関する経過措置を定める附則13条3項において、398条の7第4項の
規定は、施行日前に締結された債務引受に関する契約については適用
しないとされているので対応に注意を要します）。

　担保または保証を移転させるためには、引受人が担保提供者または
保証人である場合を除き、その承諾が必要になります。特に、保証の

承諾は書面が必要になることが明記されているので注意が必要です。

　債務引受の活用方法を考える場合に、連帯保証人の一人に対する請求、連帯保証人の一人についての時効完成が相対効になることを知っておくと役に立ちます。つまり、重畳的債務引受と呼ばれることが多い併存的債務引受は、旧民法では、連帯債務者の一人に対する請求や時効が絶対効となることから、当事者の関係が複雑になるとして、あまり使われてきませんでした。

　しかし、新民法では、併存的債務引受では、連帯債務者の一人に対する請求や時効・免除が相対効となることから、活用が進むと考えられます。そのほか、免責的債務引受は、旧民法では債務者の意思に反してできないとされていますが、新民法では、通知をすればよいとされました。

　そうすると、相続の場合も免責的債務引受が使いやすくなると考えられます。

　債務引受の利用方法として、

①旧民法下で、債務者が行方不明になり、引受人が併存的債務引受をした場合に、債務者が後日現れて時効完成（絶対効）を主張すると、金融機関は回収ができませんでした。

②新民法では、時効の完成は相対効なので、金融機関は引受人に請求をすることができます。

　また、相続の場合でも、併存的債務引受と、免責的債務引受が使えます。

チェックポイント

　債務引受の利用方法を皆さんの金融機関の本部に相談して、確認しましょう。

3 第三者弁済【105頁、106頁参照】

　融資金は本来、弁済期日の到来により借主本人から弁済されます。そして、物上保証人、抵当不動産の第三取得者のように、弁済につき法律上の利害関係を有する第三者は、債務者の意思にかかわりなく弁済できます。しかし、債務者の親族や友人のように法律上の利害関係を有しない第三者は、債務者の意思に反して弁済しても無効になります。

　旧民法では、第三者弁済は、債務者の意思に反してできないとされています。しかし、債務者の意思が確認できず、金融機関が第三者弁済を受けることがあることから、金融機関が、債務者の意思に反することを知らなければ、第三者弁済を受けることができる改正がされました。

　そうすると、金融機関は、債務者の意思に反しないことを記録して、第三者弁済を受けた場合の責任を問われることがないようにすることが考えられます。

　そのほか、第三者弁済者が反社会的勢力などの場合なども考えられ、金融機関の意思に反して第三者弁済ができないとされました。

　そして、第三者弁済を受けると、新民法では、金融機関の同意がなくても、この第三者は債権者に代位することになるので、受領は慎重に検討することになります。

チェックポイント

　第三者弁済の申し出を受けることは少ないと思いますが、新民法で改正があるので、本部に相談して対応しましょう。

4 連帯保証人の一人に対する請求
【93頁、97頁、196頁参照】

連帯保証人の一人に対する、裁判所が関与した請求をした場合は、旧民法では、絶対効ですが、新民法では、相対効になりました。また、免除、時効の完成も同様です。

実務対応としては、債務者と金融機関が、別段の合意をして、絶対効とすることが可能とされています。

そこで、連帯保証人の一人に対する請求を絶対効とすることが可能となりましたが、絶対効とすることの必要性が、主張されています。つまり、時効の完成や免除も相対効となっていることから、連帯保証人の一人に対する請求を絶対効とする必要性は低下しているとするものです。

そこで、こうした反論に備えて、新保証人と既に保証契約締結済みの保証人も絶対効の合意を取るか、合意がなければ既に保証契約締結済みの保証人に通知する考え方があります。

5 債権者代位権の規定の創設 【123頁参照】

新民法では債権者代位権に関する詳細な規定が設けられました。

債権者代位権は、債務者の財産を保全する制度です。債権者は債務者が自ら権利行使をしないときに債権者が債務者に代わってその権利を行使するもので、債務名義は不要です。判例は代位権利者が結果的に優先弁済を受けることを認めていることから、他の制度では代替できないメリットがあるといわれています。

新民法は、債権者代位権の要件として、自己の債権を保全する「必要があるとき」は代位行使できるとしました。代位行使ができる範囲は、可分債権であるときは自己の債権の範囲内においてのみ行使でき

ます。代位される権利が金銭の支払いまたは動産の引渡しを目的とするものであるときは、債権者は第三債務者に自己に対して直接引き渡すことを請求できます。つまり、債権者は債権者代位権によって回収した金銭と貸出債権を相殺して回収することができます（事実上の優先弁済効）。そこで、債権保全の手段としての事実上の優先弁済効の利用を、本部に相談して検討することが考えられます

　一方、第三債務者は、債務者に対して主張できる抗弁を代位債権者に対して主張できます。また、債権者が債務者に対する債権者代位権を行使した場合であっても、債務者は自ら取立てでき、第三債務者も債務者に弁済することができます。そのため、代位債権者が債権者代位権の行使によって債権回収を図ろうとしても、債務者が権利行使をすれば空振りに終わる可能性が高くなります。また、第三債務者は債権者代位権が行使されても二重払いのリスクを避けて債務者に弁済する可能性があります。

　新民法による、債権者代位権の改正は、使い勝手は悪くなるともいえますが、債務者の財産を保全する手段であり、第三債務者と債権者の間で意思疎通ができる場合には、有効な回収手段となる可能性があると考えられます。

　そのほか、不動産売買で売主が移転登記に協力してくれないような場合の登記または登記の請求権を保全するための債権者代位権の規定が新設されました。

チェックポイント

　融資債権の途上管理全般では、条件変更（金利・返済条件・担保・保証等）があり、皆さんの金融機関の説明方法を確認しておきましょう。

　また、前経営者から保証契約の解除を求められた場合には、第4章で説明した経営者保証に関するガイドラインの改正対応にも注意する必要があります。

そのほか、途上管理・中間管理では、事業融資の第三者保証の主債務の条件変更や、根保証の極度額の変更・更新では、保証意思宣明公正証書の（再）作成が必要になる場合があるので、第4章の内容を確認しておきましょう。

中小・地域金融機関向けの総合的な監督指針　Ⅱ-3-2-1-2（5）		
（5）取引関係の見直し等の場合の対応	①契約締結後の金利の見直し、返済条件の変更、保証契約の見直し、担保追加設定・解除等の場合	これまでの取引関係や、顧客の知識、経験、財産の状況及び取引を行う目的を踏まえ、Ⅱ-3-2-1-2（2）（契約時点等における説明）と基本的に同様に、顧客の理解と納得を得ることを目的とした説明態勢が整備されているか。 　特に、借り手企業の事業承継時においては、「経営者保証に関するガイドライン」に基づき、前経営者が負担する保証債務について、後継者に当然に引き継がせるのではなく、必要な情報開示を得た上で、保証契約の必要性等について改めて検討するとともに、その結果、保証契約を締結する場合には、保証契約の必要性等について主債務者及び後継者に対して丁寧かつ具体的な説明を行う態勢が整備されているか。 　また、前経営者から保証契約の解除を求められた場合には、前経営者が引き続き実質的な経営権・支配権を有しているか否か、当該保証契約以外の手段による既存債権の保全の状況、法人の資産・収益力による借入返済能力等を勘案しつつ、保証契約の解除についての適切な判断を行う態勢が整備されているか（Ⅱ-10-2参照）。

営業店の皆さんが
日常業務で
【もう少し知りたい】ときの

民法改正と
債権管理・回収の
チェックポイント
― 相殺・時効

1 債権者（金融機関）の保証人に対する 情報提供義務【91頁参照】

第4章で詳しく説明していますが、金融機関には保証人に対する情報提供義務があります。

その内容は、①委託を受けた保証人からの主債務の履行状況開示請求があった場合の情報提供義務と、②主債務者が期限の利益を喪失した場合の情報提供義務です。

それぞれの情報提供義務の対象となる保証人の範囲が異なる点は注意が必要です。

チェックポイント

皆さんの金融機関の情報提供義務についての、通達・事務取扱要領・マニュアル等の内容を確認し、対応しましょう。

2 相殺（無制限説が明文化）【109頁参照】

旧民法下で、最高裁は、昭和45年に、債務者の預金に対して差押命令が発送されたときは、債務者は当然に期限の利益を失う旨を記した期限の利益喪失条項は、融資等の債権が差押え後に取得されたものでない限り差押え債権者に対しても有効であるとし、昭和51年には、割引手形買戻条項についても同様の判断をしました（無制限説）。

その結果、今日では、預金に対して差押えがあった場合でも金融機関は、定期預金等の受働債権については期限の利益を放棄して、自働債権については差押え後に実行したものを除き、相殺することができます。

新民法では、判例の無制限説が採用されたので金融機関実務では、改正前と同様に対応することができます。

3　債権譲渡・差押えと相殺【109頁参照】

(1) 差押えと相殺（無制限説の明文化）

　新民法は、差押え前に取得した債権を自働債権とする相殺をすることができることを追加しました。その理由は、ある債権が差押えを受けた場合に、その債権の債務者（第三債務者）が、自分の有する債権を自働債権とし、差押さえられた債権を受働債権とする相殺が可能かは、金融関係などでは実務上頻繁に生ずる問題であることによります。

　旧民法は、差押さえられた債権について、第三債務者が合理的な相殺の期待を有する場合にはそれを保護するという観点から、差押え後に取得した債権による相殺をもって差押え債権者に対抗することができないと定めていました。そこで、この規定を反対解釈して、第三債務者が差押え前に取得した債権であれば、これによる相殺を無制限に差押え債権者に対抗することができるかどうかという点については、判例は、かつては自働債権の弁済期が受働債権のそれよりも先に到来することを要するという見解、弁済期の先後で決めるという考え方をとったこともあります。

　その後、弁済期の先後を問わず、自己の有する債権を差押え前に取得している限り、第三債務者は相殺を無制限に対抗することができるとする見解に立ったことから、相殺の担保的機能というものが保護されています。

　新民法は、この確立した判例を明文化するため、差押え前に取得した債権を自働債権とする相殺を差押え債権者に対抗することができることを文言として追加しています。

(2) 債権譲渡と相殺

　債務者の合理的な相殺への期待を保護する観点から、債権譲渡がされた場合に債務者が相殺権を行使することができる要件を明確にする

以下のような改正がされました。

　金融機関の立場からは、債権譲渡の改正により、譲受債権や担保設定していた債権が相殺により減少することがありうると考えられます。新民法では、債権譲渡の異議をとどめない承諾の制度は廃止されましたが、新民法施行日後の債権譲渡契約には新民法が適用されることから、相殺を含む抗弁権の放棄を確実に徴求することにより相殺の主張を受けることは少ないと考えられます【46頁参照】。他方で、金融機関が債務者等の売掛金を差押さえるときには、第三債務者から相殺の主張を受けるおそれがあることに注意が必要です。

　①　対抗要件具備よりも前の原因に基づいて生じた債権に基づく相殺

　新民法469条2項1号では、譲受人が対抗要件を具備した時点よりも後に債務者が取得した譲渡人に対する債権であっても、その債権が対抗要件の具備時よりも前の原因に基づいて生じたときは、債務者はその債権による相殺をもって譲受人に対抗することができます。

　この対抗要件の具備時よりも「前の原因」に基づいて生じた債権の具体例は、例えば、対抗要件の具備時よりも前に締結されていた賃貸借契約に基づいて対抗要件の具備時よりも後になって発生した賃料債権や、対抗要件の具備時よりも前に債務者と保証人との間で締結されていた保証委託契約に基づいて対抗要件の具備時より後に発生した事後求償権などがあります。この改正理由は、対抗要件の具備の時点で債権の発生原因が生じていれば、相殺への期待が既に生じていると考えられることと、実際に債権が発生する時点と対抗要件の具備の時点のどちらが先行するかというのは、偶然の事情に左右されるところも多いことも考慮して、相殺への期待を保護するものです。【109頁参照】

　②　対抗要件具備よりも前の債権の発生原因である契約に基づいて
　　生じた債権に基づく相殺【113頁参照】

　新民法469条2項2号では、相殺の期待を問題として、「同一の契約

から生じた」債権債務については特に相殺の期待が強いと考えられることから、その相殺の期待の保護という観点で、譲渡された債権の発生原因である契約に基づき生じた債権については特別に相殺権の行使を可能としました。譲渡された債権の発生原因である契約に基づいて生じた債権の具体例としては、将来発生する売買代金債権を将来債権として譲渡する合意がされ、その対抗要件が具備された後に、その売買代金債権の発生原因である売買契約が締結されたが、その売買契約に基づいて今度は損害賠償債権が事後的に発生したというような事案における、その損害賠償債権が該当します。

③　相殺の期待を有する債務者の保護の違い【111頁参照】

　新民法469条2項は、債権が譲渡された場合に、譲渡人に対して有する債権と譲渡された債権の相殺を譲受人に対して対抗することができる範囲として、その債権が対抗要件の具備時よりも前の原因に基づいて生じたとき（同項1号）だけではなくて、その債権が対抗要件の具備時よりも後の原因に基づいて生じたものであっても、譲渡された債権の発生原因である契約に基づいて生じたときに、相殺を対抗することができることとしており（同項2号）、この2号に相当する部分は、511条（差押えを受けた債権を受働債権とする相殺の禁止）にはありません。

　これらは、債務者が有していた相殺の期待をどの範囲で第三者に対抗することを認めるかという問題であり、基本的には問題状況は一致しています。もっとも、債権譲渡について見ると、債権譲渡の場合は、将来債権の譲渡が旧民法のもとでも幅広く許容されているので、そういった相殺期待を有する債務者の利益を保護する観点から、相殺の範囲を拡大し、譲渡後に債務者が取得した債権との相殺についても広い範囲で相殺を可能とする将来債権譲渡の場合を考慮したものです。

　これに対して、債権の差押えの場合には、差押えの時点でその債権の発生の基礎となる法律関係が存在していることが要請されており、

差押えによる強制執行を実効的なものとすることも重要であるので、債権譲渡の場合と同様に債務者の利益を保護するのは妥当でないとされました。

　なお、相殺に関する経過措置を定める附則26条は、1項において施行日前にされた相殺禁止の意思表示（旧民法505条2項）、2項において施行日前に債権が生じた場合におけるその債権を受働債権とする相殺、3項において施行日前の原因に基づいて債権が生じた場合におけるその債権を自働債権とする相殺（差押えを受けた債権を受働債権とするものに限る）、4項において施行日前に相殺の意思表示がされた場合の相殺の充当、についてそれぞれ従前の例（旧民法）によるとしているので、各債権の対応について注意しましょう。

新任担当と融資課長による新民法 Q&A ⓬

債権管理回収業務とは

融資課長　新任君も、民法改正を順番に勉強して、日常業務は同期の人にも教えられるようになったね。

新任担当　いえいえ、まだまだ勉強中です。でも、民法改正のときに、新任担当になったので、覚えることが多くてナンテコッタと思っていましたが、改正法の全体を見渡すことができて、今は、いいときに新任になったと、課長に感謝しています。

融資課長　民法改正による制度変更は、みんなが初めて覚えなければいけないことが多い。だから、同期や先輩より、1頁でも多く資料を読んで、1項目でも早くマスターできれば、パイオニアになれるチャンスなんだ。

新任担当　ピンチをチャンスに変えられるよう、引き続き指導をお願いします。

　　ところで、今回のテーマは債権管理・回収ですか。着任してから融資を実行して、融資申込案件を稟議にして、決裁を受け、実行する手順はわかってきましたが、順調に返済がされていて、

延滞や、管理回収は経験がないので、正直よくわかりません。

融資課長　融資債権の管理回収は、金融機関が持っている債権を、必要な場合には裁判所が関与した請求ができる有効なものとするために、顧客説明をして契約を締結し、借主の業況変化があっても確実に債権を回収することだ。

　新任担当君は、金融機関の業務と思うから、難しく感じるかもしれないけれど、日常の個人の生活でも、権利と義務を契約して、権利を行使し、義務を履行することは、行われているんだ。仮定の話だけれど、例えば、個人がネット通販で、利用規約を読まないでチェックマークだけ押して、家電製品の買物をしたとしよう。後日、届いた商品がWEBサイトに掲載されていたのとは違う商品だったら、契約の品と違うとクレームを言って、返品や交換を要求することになるね。

新任担当　それって、新民法の、定型約款の話ですよね。融資に関係がありますか。

契約書は何のために作るのか

融資課長　確かに、仮定の話として取り上げたのは、定型約款についてだ。融資以外もよく勉強しているね。言いたかったことは、契約は何のためにするのかということだ。いまの例では、相手方と商品売買の約束をして、買主は代金を支払う義務を負い、売主は代金を請求する権利を持つことになる。そして、売主は合意した品質や数量の商品を買主に引き渡す義務を負うんだ。そして、買主が代金を支払わなかったり、売主が品質に欠陥がある商品を届けたら、催促やクレームを通知して、合意（契約）に従った債務の履行を請求することになるね、たとえ裁判になってもね。

新任担当　金融機関の融資業務だと、第3章で勉強したように、新民法では金銭消費貸借契約は諾成契約になったけれど、地域金融機関では、新民法とは違って、融資金を実行したときに契

約が成立する、要物契約の消費貸借とすることが多いのでした
ね。そこで、要物契約の消費貸借では、金融機関（債権者）は
融資金を実行したときに貸出要項による返済を請求する債権を
持ち、借主（債務者）は返済義務を負うことになります。

融資課長　金銭消費貸借契約の、当事者の債権と債務はそのよう
になるね。そして、その債権の約定どおりの返済を請求したり、
返済が滞ったり、（銀行）取引約定書の期限の利益喪失条項に該
当した場合には、期限前一括返済を請求するためには、契約が
有効に成立していることが前提になるんだ。だから、今まで説
明してきたように、お客様に対して融資契約締結時や契約（条
件）変更時には、契約内容をよく説明して、後からそんな契約
をしていないと言われないようにして、また契約書の控えを交
付して契約（合意）の内容を明確にすることになるんだ。

新任担当　契約内容を明確にするために、顧客説明をして契約締
結できるようになれば、融資課の仕事は完璧にマスターしたこ
とになりますか。

契約書に基づく債権回収

融資課長　何事によらず、前門の虎と、後門の狼がいるね。融資
契約と途上・中間管理が前門の虎だとしたら、債権管理・回収
は後門の狼と言えるかもしれないな。虎とか狼とか、怖いたと
えだけれど、要するに債権管理・回収までマスターして、やっ
と融資課員として一人前になれるということだ。融資契約が、
返済条件どおりに履行されなかったり、借主（債務者）や保証
人に期限の利益喪失事由が発生した場合には、返済の請求をし
て、それでも回収できないときには、場合によっては債務の履
行を裁判所が関与した強制的な回収などによって行うことにな
るんだ。裁判などで請求をして強制的に回収をするためには、
金融機関の融資金などの債権の契約が、法律上有効に成立して
いることが前提になることは、わかるね。

新任担当　私は、融資金の延滞や裁判所が関与した請求・回収の経験がないので、私が、今理解するのは無理なのでしょうか。

融資課長　確かに、債権管理・回収業務は、契約に基づく権利・義務（債権・債務）の請求を裁判などによって実現するのが仕事だから、法律や判例や裁判実務も知る必要がある、決してやさしくない仕事だ。けれども、経験が浅くて実体験はなくても、先輩などの経験を聞いて追体験をすることは新任担当君が今できることだ。金融機関では、債権管理・回収業務は法律や裁判の専門知識がある本部の職員が、弁護士などの専門家にも相談して担当することが多いね。

新任担当　そうしたら、債権管理・回収の専門知識がない、私のような営業店の融資担当は、管理回収はしなくてもよいのでしょうか。

> 新任担当の債権管理回収の心構え

融資課長　虎とか狼とかのたとえが悪かったかな。管理回収業務は怖いものと考えがちだけれど、だからと言って本部の専門担当に任せっきりにしては、融資担当は務まらないね。平時にも非常時を意識して、お客様の変化を見逃さない姿勢が大事になるんだ。その方法は、融資のお客様（借主）の一番近くにいて、経営内容やその変化を誰よりも知ることができるのが融資担当だから、融資契約の締結、途上・中間管理を通じて、融資のお客様（借主）の状況を把握し、上司にも報告して指示を受け、状況に応じた必要な対応策をとることができるんだ。

　そうすると、融資担当のマインドとしては、金融仲介機能を発揮するためにも、監督指針や経営者保証に関するガイドラインも織り込んだうえで、債権の回収が法律によって確実にできる（裁判上の請求も可能になる）ようにするために、融資のお客様（法人・個人の借主）の特性に応じて、顧客説明をし、有効な契約を締結し、業況を把握することが大事になるんだ。

新任担当　貸しっぱなしのハンズオフではだめですね、当然です。ハンズオンで、お客様をよく知り、常によく見て業況や変化を把握して、経営相談も行い、経過を課長や役席に相談するマインドと、「報告・連絡・相談」が大事なんですね。そうした、いつも非常時を忘れないで目利きをする債権管理・回収なら、経験を積みながらできる気がしてきました。一歩一歩勉強します。

4 消滅時効【114頁参照】

　時効とは一定の事実状態が永続した場合に、それが真実の権利関係と合致するものであるかどうかに関係なく、その事実状態に適応する権利関係を認めようとする制度です。

　金融機関が債務者に対して一定の期間権利を行使しない状態が続くと、融資債権は時効の起算日に遡って消滅し、同時に担保や保証も消滅します。

(1) 消滅時効期間の改正【114頁参照】

　旧民法にあった短期消滅時効は廃止されました。金融機関の取引は、契約に基づくことから、時効期間は原則として5年になります。

　新民法で旧民法の1年から3年の短期消滅時効を単純に廃止するだけでは、例えば旧民法で1年とされている時効期間が改正後は10年に延長されることになってしまいます。そこで、新民法は旧民法の権利を行使することができるとき（客観的起算点）から10年の時効期間を維持したうえで、債権者が権利を行使することができることを知ったとき（主観的起算点）から5年の時効期間を追加し、そのいずれかが早く経過した場合には時効が完成するとされました。

　金融機関取引では、基本的に当事者間の契約に基づいて発生する債

権・債務がほとんどなので、客観的に権利を行使することができるときには、債権者が権利を行使することができることを知っているのが通常であると考えられ、客観的な起算点と主観的な起算点で大きな違いは出ず、実質においては大きな変更はないと考えられます。

　ただし、念のため時効期間の改正内容を確認し、時効管理事務やマニュアルの見直しの確認をしましょう。

　協同組織金融機関などでは、非商人に対する融資の時効期間が5年となり、新民法と旧民法が適用される施行の過渡期には、旧民法の時効期間10年の債権と、新民法の時効期間5年の債権が混在することになるので、管理に注意が必要です。

　そして、時効に関する経過措置を定める附則10条4項は、施行日前に債権が生じた場合におけるその債権の消滅時効の期間は従前の例によるとしているので、新民法施行後に発生した債権は、施行前に発生した債権より先に消滅時効になる逆転現象が生じる点も、時効期間が改正により変わる金融機関では注意が必要です。

(2) 消滅時効の中断の改正【117頁〜参照】

　旧民法の時効の中断とは、時効の進行中にその基礎である事実状態を変更する一定の事実が生じたために時効の進行が中断することです。これにより、既に進行した時効期間の経過の効力はなくなり、その中断事由が終了した時からあらためて、時効が進行します。

　旧民法の時効の中断事由には、①請求、②差押え、仮差押え、仮処分、③承認があります。

　新民法は、時効の中断の制度を「時効の完成猶予」（時効期間が形式的に経過しても時効が完成したことにならず、一定期間猶予される）と「更新」（新たに時効が進行（ゼロから（起算））という、その効果の内容を端的に表現する2つの概念で再構成し、仮差押え、仮処分は「時効の完成猶予」となり効力が弱まりました。

　さらに、裁判上の催告に関する判例を含めて、時効の中断の効果の

発生時期についてもより明確にしています。

(3) 仮差押え、仮処分は時効完成猶予となる【117頁、121頁参照】

　仮差押えおよび仮処分は、旧民法では、差押えと並んで時効の中断事由とされています。そのため、仮差押えがあれば、消滅時効の期間はその事由が終了したときから新たに進行します。

　しかし、仮差押えや仮処分は、その手続きの開始にあたって債務名義を取得する必要はなく、後に裁判上の請求によって権利関係が確定することが予定されているものなので、その権利の確定に至るまで債務者の財産等を保全する暫定的なものにすぎないと考えられます。

　そこで、新民法では、仮差押えおよび仮処分に消滅時効の期間を更新する効力まで認めるのは適当ではなく、裁判上の請求をとる時間的余裕を確保するため、催告と同様に、その手続きの終了から6か月の完成猶予を認めたうえで、更新が生ずるためには別途裁判上の請求を行うか否かによることになります。

　したがって、新民法では、仮差押えおよび仮処分については、それが終了したときから6か月を経過するまでの間は時効が完成しないという完成猶予の効力はありますが、更新事由としての効力はありません。

(4) 仮差押え、仮処分の取消し【121頁参照】

　仮差押え、仮処分が取り消された場合の取扱いは、旧民法154条では、仮差押えや仮処分が権利者の請求により、または法律の規定に従わないことにより取り消されたときは時効の中断の効力を生じませんでした。

　新民法は、完成の猶予の効力は仮差押えの終了原因を問わず生ずることとしているので、例えば、保全異議によって保全命令が取り消された場合や、本案の訴え不提起によって保全命令が取り消された場合にも完成猶予の効力が生ずると考えられます。

（5）法律の規定に従わないことによる取消し

　新民法では、担保権の実行等が法律の規定に従わないことによる取消しによってその事由が終了した場合は、その終了の時から6か月の時効完成猶予となります。しかし「法律の規定に従わないことによる取消し」とは、具体的にどういうものがあたるのかについては旧民法からの解釈上の問題があります。

　そこで、競売の無剰余取消しなどについては金融機関の本部や顧問弁護士に相談して対応しましょう。【121頁参照】

（6）消滅時効に係る協議を行う旨の合意による時効完成猶予【119頁参照】

　権利についての協議を行う旨の合意が「書面」でされたときの時効の完成が猶予される制度が新設されました（新民法151条）。

　旧民法では、当事者が権利をめぐる争いを解決するための協議を継続していても、時効の完成が迫ると、完成を阻止するためだけに訴えを提起するとか調停の申立てをするなどの措置をとらざるを得ず、そのことが、当事者間で自発的で柔軟な紛争解決を図るうえでの障害となっており、このような協議を行っている場合には時効が完成しないように手当てをする必要がありました。

　新民法は、権利についての協議を行う旨の合意が「書面」でされたときの時効の完成が猶予される期間を定めました。

　その内容は、合意があったときから1年を経過したとき、それから、合意において1年未満の協議期間を定めた場合はその期間が経過したとき、あるいは、協議の続行を拒絶する旨の書面などによる通知を受けたときには、そのときから6か月を経過したときのうち、いずれか早い時点までという期間制限をしています。したがって、一度の合意によって完成が猶予される期間は最長でも1年となります。しかし、この完成猶予の期間内に協議を行う旨の合意を繰り返すことによって、完成猶予の期間を延長することができ、本来の時効の完成すべきときから通算して5年までは可能です。

注意点としては、催告によって時効の完成が猶予されている間に行われた協議の合意は、時効完成猶予の効力を有しません。また、協議による時効の完成が猶予されている間に行われた催告は時効完成猶予の効力がありません。

　条文の合意があったときは、「次に掲げる時のいずれか早い時までの間は時効が完成しない」とは、その時から一定期間の猶予が設けられているわけではなく、6か月の猶予期間があり、その期間を経過しそうになったら、別の完成猶予や更新の措置をとる必要があります。

(7) 承認との対比【119頁参照】

　承認とは、時効の利益を受ける当事者が、時効によって権利を喪失する者に対しその権利の存在を認識しているものを表示することだと考えられています。これに対し、新民法の協議の合意では、債務者側が権利の存在を認めていない場合であっても、その存否等について協議を行うことを合意していればよいという点で違いがあります。

　協議を行う旨の合意による時効完成猶予の様式自体には特段の制限はないので、当事者の署名や記名押印が要求されるわけではなく、当事者双方の意思が一通の書面に表されているという必要もありません。

　そこで、協議を行う旨の合意による時効完成猶予を行う時期や、どのような合意内容を書面で作ればよいのか、一定の期間は協議をしましょうという趣旨をどのように書面に書けば民法の規定に当てはまるかについては、皆さんの金融機関の本部や弁護士に相談しましょう。

5　時効の更新・時効完成猶予に「財産開示手続」が追加された【117頁参照】

　民事執行法及び国際的な子の奪取の民事上の側面に関する条約の実施に関する法律の一部を改正する法律が、2020年4月1日に施行されています。

　この民事執行法の改正では、財産開示手続の申立てがあった場合は、申立時に時効完成猶予の効果が生じ、債務者の不出頭による終結であっても更新の効果が生じます。ただし、対象となる融資（債権）は、「債務名義を取得した債権であり」「確定判決取得から10年が経過しかつそれまでに時効の完成猶予・更新の生じていない債権であり」かつ「財産開示手続開始の要件を満たすだけの財産開示の必要性があること」であることから活用の場面は限定されると思われます。

　そのほか、情報取得手続（登記所から不動産情報、銀行等の金融機関から預貯金等の情報、市町村・日本年金機構等から給与債権（勤務先）に関する情報や、金融機関の預貯金情報が得られます）も手続開始の申立てがあったときに時効完成猶予の効果が生じ、申立て取下げや不適法却下でなければ時効更新の効果が生じます。

　この制度の活用方法については、本部と相談しながら検討をするのがよいと考えます。

　そのほか、時効の経過措置として、新民法の時効完成猶予・更新事由が新民法施行後に生じた場合には、新民法が適用されるので、過渡期には、施行日前に生じた中断・停止事由との二重管理が必要になる点には注意が必要です。【122頁参照】

新任担当と融資課長による新民法Q&A⓭

融資課長　債権法と融資リスクの勉強は、いよいよ大詰めに来たね。最後は、時効だけど、わかったかな。

|債権の消滅時効|

新任担当　自分で融資の稟議書を起案した融資金が、消滅時効が完成して、請求できなくっては困りますね。

融資課長　融資課を長く担当していると、そうした事案があるんだ。そこで、債権が時効にならないように、時効完成を防ぐ知識が必要になり、本部の専門部署と相談し・連携して、新民法の時効完成猶予や、更新により、時効をストップしたり、時効

期間をリセットする専門知識が必要になるね。

時効の経過措置 【122頁参照】

新任担当　新民法の時効には「経過措置」があると聞きました。「経過措置」とは、どんなことを言うのですか。

融資課長　最後の最後に、いい質問だな。まず、施行日（2020年4月1日）より前に締結された契約や、施行日より前に発生した権利については、改正前の民法の規定が適用される。そして、「施行日前に債権が生じた場合」や「施行日前に債権発生の原因である法律行為がされた場合」には、その債権の消滅時効期間は改正前の民法が適用される。

新民法の時効期間 【114頁参照】

新任担当　そうすると、融資債権の時効期間は、契約に基づく債権なので事業性、非事業性とも、5年ですね。もし、新民法施行日前に発生した債権について5年としていない債権があった場合は、旧民法によることになりますね。

融資課長　新民法で改正された、時効の更新・時効完成猶予の経過措置はどうなっているか確認したかな。

新民法の更新と時効完成猶予 【117頁参照】

新任担当　時効の中断・停止についての経過措置は、時効の中断・停止の原因となる事由の発生時点が新民法適用の基準時となります。新民法施行日前に、仮差押えがあった場合には、その効力は旧法によります。その仮差押えが新民法施行日後に取り下げられた場合には、新民法によって6か月後まで消滅時効の完成が猶予されるのではなく、旧民法が適用されます。「協議を行う旨の合意による時効完成猶予」は、新民法施行日前に協議の合意がされても適用されません。

融資課長　時効期間については、過渡期には、旧民法で生じた債権と、新民法施行日後に生じた債権について時効期間を別々に管理する必要がある。また、時効の中断事由（新民法の更新・

> 時効完成猶予）が新民法施行日後であれば新民法が適用され、
> 新民法施行日前であれば旧民法によることになり、別々に管理
> する必要があるので、注意が必要になる。
>
> **新任担当**　過渡期に二重管理は注意が必要ですね。
>
> **融資課長**　本書によって、新任担当君はずいぶん成長したと思い
> ます。
>
> 　新任担当君が、支店の朝礼勉強会を企画したり、本部や支店
> との情報交換によって、債権法対応のリーダーとして活躍する
> ことを期待しています。

チェックポイント

　延滞債権の回収については、監督指針に次の規定があります。

　事後の紛争等を未然に防止するため、金融機関の本部と相談しなが
ら、必要に応じて顧客説明を検討していただくのがよいと考えられま
す。

中小・地域金融機関向けの総合的な監督指針　Ⅱ－3－2－1－2（5）		
（5）取引関係の見直し等の場合の対応	③延滞債権の回収（担保処分及び個人保証の履行請求によるものを含む。）、債権譲渡、企業再生手続（法的整理・私的整理）及び債務者や保証人の個人再生手続等の場合	イ．これまでの取引関係や、顧客の知識、経験、財産の状況及び取引を行う目的に応じ、かつ、法令に則り、一連の各種手続を段階的かつ適切に執行する態勢が整備されているか。 　　例えば、経営者以外の第三者の保証人個人に保証債務の履行を求める場合は、基本的に保証人が主債務者の状況を当然には知り得る立場にないことに留意し、事後の紛争等を未然に防止するため、必要に応じ、一連の各種手続について正確な情報を提供する等適切な対応を行う態勢となっているか（Ⅱ－11－2（2）参照）。 ロ．手続の各段階で、顧客から求められれば、その客観的合理的理由を説明することとしているか。 ハ．特に経営者保証における保証債務の履行

に際しては、「経営者保証に関するガイドライン」に基づき、保証人の手元に残すことのできる残存資産の範囲について、<u>必要に応じ支援専門家とも連携しつつ、保証人の履行能力、経営者たる保証人の経営責任や信頼性、破産手続における自由財産の考え方との整合性等を総合的に勘案して決定する態勢</u>となっているか（Ⅱ－10－2参照）。

ニ．貸付債権の流動化

対象債権を有する銀行は、原債務者の保護に<u>十分配慮</u>しているか。

<u>債務者等を圧迫し又はその私生活若しくは業務の平穏を害するような者に対して貸付債権を譲渡していない</u>か。

6 経過措置

◎新民法の経過措置について

【原則】

「施行日前に債権が生じた場合」または「施行日前に債権発生の原因である法律行為がされた場合」には、その債権の消滅時効期間については、原則として、改正前の民法が適用されます。

上記のいずれにも当たらない場合には、改正後の民法が適用されます。

◎時効の経過措置について

・新民法施行日前に債権が生じた場合には、旧民法が適用されます。

・新民法施行日前に発生した債権については、新民法施行日後に「更新」事由があっても、施行日前に生じた債権であるので、新たに進行する消滅時効期間は旧民法が適用されます。

・新民法施行日前に発生した債権について、弁済期や利息など新た

な債務を発生させる意思でない変更がされた場合には、旧民法が適用されます。

・**時効の中断・停止についての経過措置**は、時効の中断・停止の原因となる事由の発生時点が新民法適用の基準時となります。

・新民法施行日前に、仮差押えがあった場合には、その効力は旧民法によります。その仮差押えが新民法施行日後に取り下げられた場合には、新民法によって6か月後まで消滅時効の完成が猶予されるのではなく、旧民法が適用されます。

・「協議を行う旨の合意による時効完成猶予」は、新民法施行日前に協議の合意がされても適用されません。

チェックポイント

　時効期間については、過渡期には、旧民法で生じた債権と、新民法施行日後に生じた債権について時効期間を別々に管理する必要があります。

　また、時効の中断事由が新民法施行日後であれば新民法が適用され、新民法施行日前であれば旧民法によることになり、別々に管理する必要があるので、マニュアルなどにより明確にしておきましょう。

◎保証の経過措置について

・保証の経過措置は、新民法施行日前に締結された保証契約の保証債務は、旧民法が適用されます。

・連帯保証人について生じた事由（連帯保証人の一人に対する請求・時効の完成等）には、保証契約の締結時を基準として、新民法あるいは旧民法の適用が判断されます。

・新民法施行日前に締結された根保証契約が新民法施行日後に更新された場合は、更新後の根保証契約に新民法が適用されます。

・保証契約が新民法施行日前に締結したことになるかについて、自動更新条項があって、更新の異議を述べることができる期限が新

民法施行日前である場合には、更新後の保証契約には旧民法が適用されます。

・新民法施行日前に締結された保証契約について、新民法施行日後に主債務が加重された場合に保証債務も加重させるときは、変更事項が保証意思宣明公正証書の「法定の口授事項」である場合は、新民法が適用され保証意思宣明公正証書の作成が必要になります。

◎債権譲渡の経過措置について

・新民法の適用は債権譲渡の原因である法律行為をした時点が基準時となり、債権譲渡行為が新民法施行日前にされた場合には、旧民法が適用されます。

・債権譲渡について新民法の適用を受けるためには、新民法施行日後に譲渡契約をする必要があります。

・債権が二重譲渡された場合に、一方の譲渡が新民法施行日前にされ、もう一方が新民法施行日後にされたときは、譲渡の日を基準として、新民法と旧民法の適用が判断されます。新民法施行日前の譲渡について譲受人が悪意または重過失である場合にはその債権は無効になり、新民法施行日後の譲受人が悪意または重過失であっても譲渡は有効になります（遅い方が勝つ）。新民法が適用されるので債務者は債権者に対して弁済して債務を免れることができ、または供託をすることができます。

◎相殺の経過措置について

・差押えを受けた債権を受働債権とする相殺については、新民法の適用は自働債権の原因の発生時点が基準日となります（施行日前の原因に基づいて自働債権が生じた場合については旧法が適用される）。

◎**解除の経過措置について**

・契約の解除の経過措置は、新民法施行日前に締結された契約の解除は、旧民法が適用されます。

◎**定型約款の経過措置について**

・施行日より前に契約が締結された定型取引についても、原則として新民法施行日後は改正後の新しい民法が適用されます。

　以下では、監督指針のうち、「Ⅱ－3－2 利用者保護等」の、「Ⅱ－3－2－1 与信取引等（貸付契約並びにこれに伴う担保・保証契約及びデリバティブ取引）に関する顧客への説明態勢」の、「Ⅱ－3－2－1－2 主な着眼点」を中心に概観します。

　顧客説明のポイントを確認し、また、本書の関連する章も確認して、みなさんの自金融機関の規程・事務取扱要領・マニュアルでは、どのように定められているかも、確認しておきましょう。

　なお、点線の囲み部分は、筆者が加筆した「要点と留意事項」です。また、監督指針の中で特に重要な点は太字にしました。

　下記監督指針では、与信取引等の顧客への説明態勢が金融機関のクレジットポリシー等に整合していることが必要です。

【中小・地域金融機関向けの総合的な監督指針】（令和2年6月）より抜粋

> Ⅱ－3－2　利用者保護等
> Ⅱ－3－2－1　与信取引等（貸付契約並びにこれに伴う担保・保証契約及びデリバティブ取引）に関する顧客への説明態勢
> Ⅱ－3－2－1－1　意義
> ⑴ 法第12条の2第2項及び施行規則第13条の7は、銀行に対し、その営む業務の内容及び方法に応じ、顧客の知識、経験、財産の状況及び取引を行う目的を踏まえた重要な事項の顧客に対する説明その他の健全かつ適切な業務の運営を確保するための措置（書面の交付その他の適切な方法による商品又は取引の内容及びリスクの説明並びに犯罪を防止するための措置を含む。）に関する社内規則等（社内規則その他これに準ずるものをいう。）を定めるとともに、従業員に対する研修その他の当該社内規則等に基づいて業務が運営されるための十分な体制を整備することを義務付けている。
> 　また、銀行はその業務に関し、顧客に対し虚偽のことを告げる行為、不確実な事項について断定的判断を提供し、又は確実であると誤認させるおそれのあることを告げる行為等をしてはならないとされている（法第13条の3、施行規則第14条の11の3）。これらの行為は、そもそも法第12条の2第2項で定める業務の健全かつ適切な運営が確保されるため

の措置に違反する行為として禁止されてきたものである。

(2)「リレーションシップバンキングの機能強化に関するアクションプログラム」（平成15年3月28日公表）において「銀行法等に義務付けられた、貸付契約、保証契約の内容等重要事項に関する債務者への説明態勢の整備に対する監督のあり方を事務ガイドラインに明示する」こととされたことを契機として、広く貸し手の責任において整備すべき与信取引等（貸付契約並びにこれに伴う担保・保証契約及びデリバティブ取引）に関する説明態勢及びそれを補完する相談苦情処理機能について、主として中小企業向け取引、個人向け貸付（住宅ローンを含む。）及び個人保証関係を念頭において、当局が銀行の内部管理態勢の検証を行う際の着眼点を類型化して例示している。

(注1) 以下は、説明義務・説明責任（アカウンタビリティ）の徹底を中心に顧客との情報共有の拡大と相互理解の向上に向けた取組みまで幅広い領域を対象としている（別紙1参照）。

(注2) 上記(1)の説明体制の整備は銀行の営む全ての業務が対象となっており、資産運用商品の販売に関しては金融商品販売法の施行等に対応した体制整備が必要である（Ⅱ-3-2-5参照）。

Ⅱ-3-2-1-2 主な着眼点

(1) 全行的な内部管理態勢の確立

①顧客への説明態勢に関する全行的な内部管理態勢の確立に関し、取締役会が適切に機能を発揮しているか。

> **各章共通**
> (1)の②、③、④では、与信取引の類型に応じた、顧客説明の態勢整備が定められています。皆さんの金融機関の、③イのマニュアル等の内容を確認しましょう。

②法令の趣旨を踏まえた社内規則等の作成

イ．業務の内容及び方法に応じた説明態勢が社内規則等で明確に定められているか。

与信取引には、例えば、手形割引、貸付金（手形貸付、証書貸付、当座貸越）、債務保証、外国為替等の多様な取引があり、また、保証契約についても、保証約定書形式や手形保証等の類型があるが、それぞれの類型に応じた**態勢整備**がなされているか。

さらに、インターネット取引等の異なる取引方法に応じた**態勢整備**がなされているか。

ロ．顧客の知識、経験、財産の状況及び取引を行う目的に応じた**説明態勢**が社内規則等で明確に定められているか。

特に、中小企業や個人については実態に即した取扱いとなっているか。

③法令の趣旨を踏まえた行内の実施態勢の構築

イ．社内規則等に基づいて業務が運営されるよう、**研修その他の方策（マニュアル等の配付を含む。）が整備**されているか。

ロ．説明態勢等の実効性を確保するため、検査・監査等の内部けん制機能は十分発揮されているか。

④説明態勢

経営相談機能を充実・強化するための環境整備として、与信後における顧客との情報の相互共有に向けた**説明態勢**が整備されているか（Ⅱ－3－2－1－2（4）を参照）。

各章共通、48頁、184頁関連

（2）契約時点等における説明では、社内規則による周知が定められています。みなさんの金融機関の、規程等の内容を確認しましょう。

---

(2) 契約時点等における説明

以下の事項について、**社内規則等**を定めるとともに、従業員に対する研修その他の当該社内規則に基づいて業務が運営されるための**十分な体制が整備**されているか検証する。

①商品又は取引の内容及びリスク等に係る説明

契約の意思形成のために、顧客の十分な理解を得ることを目的として、必要な情報を的確に提供することとしているか。

なお、検証に当たっては、特に以下の点に留意する。

各章共通

（2）①のイでは、デリバティブ取引の顧客説明が定められています。デリバティブ取引の取扱いがある金融機関の皆さんは、事務取扱要領・マニュアルの内容を確認しましょう。【48頁、184頁参照】

イ．融資取引にオプション・スワップ等のデリバティブ取引が含まれているとき（デリバティブ取引のみを行う場合を含む。）には、法第13条の3各号並びに金融商品取引法第38条各号及び第40条各号の規定に抵触することのないよう、**顧客の知識、経験、財産の状況及び取引を行う目的を踏まえ**、商品内容やそのリスクに応じて以下の事項に留意しているか。

a．当該デリバティブ取引の商品内容やリスクについて、例示等も入れ、**具体的に分かりやすい形で解説した書面を交付**して、適切かつ**十分な説明**をすることとしているか。

例えば、

　当該デリバティブ取引の対象となる金融指標等の水準等（必要に応じてボラティリティの水準を含む。以下同じ。）に関する最悪のシナリオ（過去のストレス時のデータ等合理的な前提を踏まえたもの。以下同じ。）を想定した想定最大損失額について、前提と異なる状況になればさらに損失が拡大する可能性があることも含め、**顧客が理解できるように説明**しているか。

　当該デリバティブ取引において、顧客が許容できる損失額を確認し、上記の最悪のシナリオに至らない場合でも許容額を超える損失を被る可能性がある場合は、これについて**顧客が理解できるように説明**しているか。

　金融指標等の状況がどのようになれば、当該デリバティブ取引により、顧客自らの経営又は財務状況に重大な影響が生じる可能性があるかについて、**顧客が理解できるように説明**しているか。

　説明のために止むを得ず実際のデリバティブ取引と異なる例示等を使用する場合は、当該例示等は実際の取引と異なることを**説明**しているか。

ｂ．当該デリバティブ取引の中途解約及び解約清算金について、**具体的に分かりやすい形で解説した書面を交付**して、適切かつ十分な説明をすることとしているか。

　　例えば、

　当該デリバティブ取引が原則として中途解約できないものである場合にはその旨について、**顧客が理解できるように説明**しているか。

　当該デリバティブ取引を中途解約すると解約清算金が発生する場合にはその旨及び解約清算金の内容（金融指標等の水準等に関する最悪のシナリオを想定した解約清算金の試算額及び当該試算額を超える額となる可能性がある場合にはその旨を含む。）について、**顧客が理解できるように説明**しているか。

　銀行取引約定書等に定める期限の利益喪失事由に抵触すると、デリバティブ取引についても期限の利益を喪失し、解約清算金の支払義務が生じる場合があることについて、**顧客が理解できるように説明**しているか。

　当該デリバティブ取引において、顧客が許容できる解約清算金の額を確認し、上記の最悪のシナリオに至らない場合でも許容額を超える損失を被る可能性がある場合は、これについて**顧客が理解できるように説明**しているか。

ｃ．提供するデリバティブ取引がヘッジ目的の場合、以下を確認するとともに、その確認結果について、**具体的に分かりやすい形で**、適切かつ**十分な説明**をすることとしているか。

　顧客の事業の状況（仕入、販売、財務取引環境など）や市場における競争関係（仕入先、販売先との価格決定方法）を踏まえても、継続

的な業務運営を行う上で有効なヘッジ手段として機能することを**確認**しているか（注1）。

上記に述べるヘッジ手段として有効に機能する場面は、契約終期まで継続すると見込まれることを確認しているか（注2）。

顧客にとって、今後の経営を見通すことがかえって困難とすることにならないことを確認しているか（注3）。

（注1）例えば、為替や金利の相場が変動しても、その影響を軽減させるような価格交渉力や価格決定力の有無等を包括的に判断することに留意する。

（注2）例えば、ヘッジ手段自体に損失が発生していない場合であっても、前提とする事業規模が縮小されるなど顧客の事業の状況や市場における競争関係の変化により、顧客のヘッジニーズが左右されたりヘッジの効果がそのニーズに対して契約終期まで有効に機能しない場合があることに留意する。

（注3）ヘッジによる仕入れ価格等の固定化が顧客の価格競争力に影響を及ぼし得る点に留意する。

d．上記a．からc．に掲げる事項を踏まえた説明を受けた旨を**顧客から確認し、その記録を書面（確認書等）として残す**こととしているか。

e．不確実な事項について、断定的な判断と誤認させる表示や**説明**を防ぐ**態勢**となっているか。

f．不招請勧誘の禁止の例外と考えられる先に対するデリバティブ取引の勧誘については、法令を踏まえたうえ（注）、それまでの顧客の取引履歴などによりヘッジニーズを確認し、そのニーズの範囲内での契約を勧誘することとしているか。

（注）不招請勧誘の禁止の例外とされている「外国貿易その他の外国為替取引に関する業務を行う法人」（金融商品取引業等に関する内閣府令第116条第2号）には、例えば、国内の建設業者が海外から材木を輸入するにあたって、海外の輸出者と直接取引を行うのではなく、国内の商社を通じて実態として輸出入を行う場合は含まれるが、単に国内の業者から輸入物の材木を仕入れる場合は含まれないことに留意する必要がある。

g．勧誘されたデリバティブ取引に係る契約締結の有無は、融資取引に影響を及ぼすのではないかと顧客が懸念する可能性があることを前提（注1）に、必要に応じ、こうした懸念を解消するための**説明**を行うこととしているか（注2）。

（注1）例えば、デリバティブ取引の勧誘や説明を行った状況（与信取引等の相談中や複数回の勧誘の後かどうかなど）によっては、顧客の立場からは、往々にして銀行は優越的地位を濫用していると見られる可能性があることを意識した**販売態勢**となっているか。

（注2）例えば、勧誘したデリバティブ取引等に応じなくとも、そのことを理由に今後の融資取引に何らかの影響を与えるものではない旨を**説明**し、優越的地位の濫用がないことの**説明を受けた旨を顧客から確認する態勢**としているか。

h．デリバティブ契約締結後、定期的かつ必要に応じて適時、当該顧客の業況及び財務内容を踏まえ、実需の存続状況等に応じたヘッジの有効性とその持続可能性の確認を行い、顧客からの問合せに対して分かりやすく的確に対応するなど、適切なフォローアップに取り組むための**態勢を整備**しているか。

また、顧客の要請があれば、定期的又は必要に応じて随時、顧客のポジションの時価情報や当該時点の解約清算金の額等を提供又は通知する等、顧客が決算処理や解約の判断等を行うために必要となる**情報を適時適切に提供**しているか。

【16頁、32頁、167頁関連】
(2)　①のロでは、与信取引類型ごとの顧客説明を定めています。住宅ローンについては、金利変動リスクの説明があります。皆さんの金融機関の説明内容・方法を確認しておきましょう。

ロ．**住宅ローン契約**については、利用者に適切な情報提供とリスク等に関する**説明**を行うこととしているか。特に、金利変動型又は一定期間固定金利型の住宅ローンに係る金利変動リスク等について、十分な説明を行うこととしているか。

説明に当たっては、例えば、「住宅ローン利用者に対する金利変動リスク等に関する説明について」（平成16年12月21日：全国銀行協会申し合わせ）に沿った**対応がなされる態勢**となっているか。また、適用金利が将来上昇した場合の返済額の目安を提示する場合には、その時点の経済情勢において合理的と考えられる前提に基づく**試算を示す**こととしているか。

【49頁、184頁、187頁、197頁関連】
(2)　①のハ〜トは、個人保証契約の説明を定めています。「経営者保証に関するガイドライン」、連帯保証契約の内容説明、経営者以外の第三者保証徴求の際の説明と情報提供が定められています。保証は、民法の債権法改正により大きな変更がされています。皆さんの金融機関の事務取扱要領・マニュアルの内容・取扱い方法を確認しておきましょう。

ハ．個人保証契約については、保証債務を負担するという意思を形成するだけでなく、その保証債務が実行されることによって自らが責任を負担することを受容する意思を形成するに足る**説明**を行うこととして

いるか。

　例えば、保証契約の形式的な内容にとどまらず、保証の法的効果とリスクについて、最悪のシナリオ即ち実際に保証債務を履行せざるを得ない事態を想定した説明を行うこととしているか。

　また、必要に応じ、保証人から**説明**を受けた旨の**確認**を行うこととしているか。

ニ．経営者等との間で保証契約を締結する場合には、「**経営者保証に関するガイドライン**」に基づき、以下の点について、主債務者と保証人に対して丁寧かつ**具体的に説明**を行うこととしているか（Ⅱ－10－2参照）。

　a．保証契約の必要性

　b．原則として、保証履行時の履行請求は、一律に保証金額全額に対して行うものではなく、保証履行時の保証人の資産状況等を勘案した上で、履行の範囲が定められること

　c．経営者保証の必要性が解消された場合には、保証契約の変更・解除等の見直しの可能性があること

ホ．**連帯保証契約**については、補充性や分別の利益がないことなど、通常の保証契約とは異なる性質を有することを、相手方の知識、経験等に応じて**説明**することとしているか。

（注1）「補充性」とは、主たる債務者が債務を履行しない場合にはじめてその債務を履行すればよいという性質をいう。

（注2）「分別の利益」とは、複数人の保証人が存在する場合、各保証人は債務額を全保証人に均分した部分（負担部分）についてのみ保証すれば足りるという性質をいう。

ヘ．**経営者以外の第三者**との間で個人連帯保証契約を締結する場合（Ⅱ－11参照）には、契約者本人の経営への関与の度合いに留意し、原則として、経営に実質的に関与していない場合であっても保証債務を履行せざるを得ない事態に至る可能性があることについての**特段の説明**を行うこととしているか。併せて、保証人から**説明**を受けた旨の確認を行うこととしているか。

（注）契約者本人が経営に実質的に関与していないにもかかわらず、自発的に連帯保証契約の申し出を行った場合には、金融機関から特段の説明を受けた上で契約者本人が自発的な意思に基づき申し出を行った旨が記載され、自署・押印された**書面の提出を受ける**などにより、当該契約について金融機関から要求されたものではないことを確認しているかに留意する。

ト．経営者以外の第三者と根保証契約を締結する場合には、原則として、契約締結後、保証人の要請があれば、定期的又は必要に応じて随時、被保証債務の残高・返済状況について**情報を提供**することとしているか。

チ．信用保証協会の保証付き融資については、利用する保証制度の内容

や信用保証料の料率などについて、顧客の知識、経験等に応じた適切な**説明**を行うこととしているか。

②契約締結の客観的合理的理由の説明

　　顧客から**説明を求められたとき**は、事後の紛争等を未然に防止するため、契約締結の客観的合理的理由についても、顧客の知識、経験等に応じ、その理解と納得を得ることを目的とした**説明を行う態勢が整備**されているか。

　　なお、以下のイ．からハ．の検証に関しては、各項に掲げる事項について**顧客から求められれば説明する態勢**（ハ．の検証にあっては、保証契約を締結する場合に説明する態勢）が整備されているかに留意する。

31頁、48頁、152頁、170頁関連

　(2)　②のイ、ロは、顧客から説明を求められたときの、契約締結の客観的合理的理由についても、顧客の知識、経験等に応じ、その理解と納得を得ることを目的とした説明を行う態勢を定めています。貸付契約、担保が説明事項になります。

　イ．貸付契約

　　貸付金額、金利、返済条件、期限の利益の喪失事由、財務制限条項等の契約内容について、顧客の財産の状況を踏まえた契約締結の**客観的合理的理由**

　ロ．担保設定契約

　　極度額等の契約内容について、債務者との取引状況や今後の取引見通し、担保提供者の財産の状況を踏まえた契約締結の**客観的合理的理由**

48頁、49頁、181頁、187頁、197頁関連

　(2)　②のハは、保証契約の合理的な理由の説明が定められています。特に第三者保証は、民法改正で大きな制度改正がされたので、改正法に対応した皆さんの金融機関の事務取扱要領やマニュアルの内容を確認しましょう。

　ハ．保証契約

　　保証人の立場及び財産の状況、主債務者や他の保証人との関係等を踏まえ、当該保証人との間で保証契約を締結する**客観的合理的理由**

　　ａ．根保証契約については、設定する極度額及び元本確定期日について、主債務者との取引状況や今後の取引見通し、保証人の財産の状況を踏まえた契約締結の**客観的合理的理由**

　　ｂ．経営者以外の第三者との間で個人連帯保証契約を締結する場合には、「経営者以外の第三者の個人連帯保証を求めないことを原則とする融資慣行を確立」するとの観点に照らし、必要に応じ、「信用保証

協会における第三者保証人徴求の原則禁止について」における考え方にも留意しつつ（Ⅱ−11−2（1）参照）、当該第三者と保証契約を締結する**客観的合理的理由**。

c．経営者等に保証を求める場合には、「経営者保証に関するガイドライン」に基づき（Ⅱ−10−2参照）、当該経営者等と保証契約を締結する**客観的合理的理由**

各章共通

（2）③は、自署・押印、取締役会等での意思決定の確認を定めています。契約は、金融機関と顧客（借主＝債務者）の合意によって成立し、当事者は権利と義務を負います。特に、2020年4月1日に新民法が施行されたことから、契約書がもつ法的効果が大きく変更されている事項があります。そこで、金融機関が作成した契約書を顧客への説明がないまま、一方的に顧客に合意を押し付けていては、金融機関がその契約書によって得たい法的効果が生じるかについて、トラブルになるおそれがあり得ます。こうした点は、いままでも法務リスク（例えば、金融機関が意図した契約書の法的効果が生じないリスク、訴訟を起こされるリスク）として金融機関で検討されてきました。

そこで、本書を契機に、皆さんの金融機関の顧客説明態勢の確認をするのと合わせて、法務リスク管理についても、通達や事務取扱要領・マニュアルによって、確認しておきましょう。

---

③契約の意思確認

イ．契約の内容を説明し、借入意思・担保提供意思・保証意思・デリバティブ取引の契約意思があることを確認した上で、行員の**面前で**、**契約者本人**（注）**から契約書に自署・押印を受けることを原則**としているか。特に、保証意思の確認に当たっては、契約者本人の経営への関与の度合いについても確認することとしているか。

（注）いわゆる「**オーナー経営**」の中小企業等との重要な契約に当たっては、形式的な権限者の確認を得るだけでは不十分な場合があることに留意する必要がある。

特に、**デリバティブ取引**が、顧客の今後の経営に大きな影響を与えるおそれのある場合、当該中小企業等の**取締役会等で意思決定された上での契約**かどうか確認することが重要である。

ロ．例外的な書面等による対応については、顧客保護及び法令等遵守の観点から十分な検討を行った上で、**社内規則等において明確に取扱い方法を定め**、遵守のための実効性の高い**内部けん制機能**が確立されているか。

ハ．いわゆる**捨印慣行**の不適切な利用、及び契約の必要事項を記載しないで自署・押印を求め、その後、行員等が必要事項を記載し書類を完

成する等の不適切な取扱いを防止するため、実効性の高い**内部けん制機能**が確立されているか。

ニ．銀行として貸付の決定をする前に、顧客に対し「融資は確実」と誤認させる不適切な説明を行わない**態勢が整備**されているか。

32頁、48頁、152頁関連

(2) ④は、契約書類に署名捺印を徴求して、契約書を顧客に交付すれば、契約書の法的効果が必ずあるとの保障はありません。契約締結方法には、双方署名方式、（金融機関への）差入方式があります。どちらの方式であっても契約は有効です。そして、契約内容について顧客の理解度に応じた説明をして、顧客にその契約を締結する意思を明確にしたことの証拠として、書面を交付します。融資の各ステップで、顧客説明ができるように、みなさんの金融機関のマニュアル等を確認しておきましょう。

また、一般的に貸付契約の都度、利率などについて契約書面の作成をすることが少ない手形割引や手形貸付についても、本項は定めています。みなさんの金融機関の手形割引や手形貸付についての、顧客との合意方法を、事務取扱要領などにより確認しておきましょう。【164頁参照】

---

④契約書等の書面の交付

貸付契約、担保設定契約又は保証契約を締結したときは、原則として契約者本人に契約書等の契約内容を記載した**書面を交付**することとしているか。

なお、検証に当たっては、特に以下の点に留意する。

イ．銀行取引約定書は、双方署名方式を採用するか、又はその写しを交付することとしているか。

ロ．貸付契約書、担保設定契約書及び保証契約書については、**その写しを交付**すること等により顧客が契約内容をいつでも確認できるようになっているか。

ハ．取引の形態から貸付契約の都度の契約書面の作成が馴染まない手形割引や手形貸付については、**契約条件の書面化等**、**契約面の整備**を適切に行うことにより顧客が契約内容をいつでも確認できるようになっているか。

各章共通

(3) は、自金融機関の規模やリスクに応じた説明態勢がクレジットポリシーに合致していることを定めています。具体的には、①健全な融資慣行の確立と担保・保証に過度に依存しない融資の促進の観点、②地域貢献について定めています。

---

(3)貸付けに関する基本的な経営の方針（クレジットポリシー等）との整合性

　与信取引面における**説明態勢**については、各銀行の貸付けに関する基本的な経営の方針（クレジットポリシー等）との整合性についても検証する必要がある。

　その際、例えば以下の点に留意する。

①健全な融資慣行の確立と担保・保証に過度に依存しない融資の促進の観点

　健全な融資慣行はできる限り担保・保証に頼ることなく、貸付けは、借り手の経営状況、資金使途、回収可能性等を総合的に判断して行うものであることを認識し、また、「事業からのキャッシュフローを重視し、担保・保証に過度に依存しない融資の促進を図る」、「経営者保証に依存しない融資の一層の促進を図る」（Ⅱ－10－2参照）、「経営者以外の第三者の個人連帯保証を求めないことを原則とする融資慣行を確立する」（Ⅱ－11参照）との観点から、経営の方針としてどのように対応しようとしており、当該方針が実際の**説明態勢**にどのように反映されているか。

②地域貢献

　地域銀行の貸付に関する基本的な経営の方針等において「地域経済の発展への寄与」、「地域の中小企業の育成・健全化」等の姿勢を掲げている場合に、当該方針が実際の**説明態勢**にどのように反映されているか。

> **各章共通**
> 　(4)(5)は、約定書の説明態勢や、リレーションシップバンキングへの対応などを定めています。

(4)顧客との情報共有の拡大と相互理解の向上に向けた取組み

　貸し手銀行と借り手企業がリレーションシップバンキング（間柄重視の地域密着型金融）に伴うリスクを的確に認識し、リスク情報を共有し、リスクの共同管理やコストの共同負担を行うという基本的方向性を踏まえれば、地域密着型金融の機能強化のためには、貸し手と借り手の相互の共通理解を築き、その基盤の下でリスクを共同管理しながら必要に応じ経営改善支援・早期事業再生等に取り組んでいくことが重要である。

　こうした観点から、**説明態勢**に関連して、以下のような**態勢が整備**されているかについても検証するものとする。

①相互の共通理解に向けた基盤整備の取組み

イ．銀行側からの意思疎通

　各銀行においては、与信後における債務者の業況把握、貸出条件の履行状況、資金使途の確認、事業計画の遂行状況といった債務者の実情にあった適切な管理を十分行うことが必要であるが、こうした過程における借り手企業の業況や財務内容、担保提供を受けた資産の評価等に関する銀行の判断について、借り手企業との相互の共通理解を得ることを目

的とした**説明態勢**が整備されているか。

ロ．借り手企業からの意思疎通

　借り手企業に対し、長期継続的な信頼関係をもとに、経営内容について早め早めに銀行と相談することが地域密着型金融のメリットを享受することになることを理解してもらうための**説明態勢**が整備されているか。

②経営相談・支援機能の充実・強化に向けた取組み

　経営改善支援（経営改善計画や借入金返済計画の策定を含む。）や早期事業再生に向けた取組みが必要と認められる場合には、相互の共通理解の下、顧客の業況や財務内容、さらには事業の将来性等についての銀行の判断を率直に説明した上で、**顧客との相談・顧客への助言を行うこと**としているか。

⑸取引関係の見直し等の場合の対応

　借り手企業との取引関係の見直し等を行う場合の対応については、銀行の営業上の判断に即した本来の説明を的確に行う態勢が整備されることが必要であり、その際、金融検査等を口実とするなどの不適切な説明が行われないよう留意することが必要である。

　このため、下記の①から③の場合において、それぞれ下記のような適切な**説明等の対応を行う態勢が整備**されているかどうかについて検証するものとする。

> **5章・6章関連**
> 　(5) ①では、取引関係見直し時の説明（契約締結時と同様）や、そのほか、前経営者から保証解除を求められた場合の説明態勢整備が定められています。特に、2019年12月には、「事業承継時に焦点を当てた「経営者保証に関するガイドライン」の特則」が定められました。【61頁、187頁参照】

①契約締結後の金利の見直し、返済条件の変更、保証契約の見直し、担保追加設定・解除等の場合

　これまでの取引関係や、顧客の知識、経験、財産の状況及び取引を行う目的を踏まえ、Ⅱ－3－2－1－2（2）（契約時点等における説明）と基本的に同様に、顧客の理解と納得を得ることを目的とした**説明態勢が整備**されているか。

　特に、借り手企業の事業承継時においては、「経営者保証に関するガイドライン」に基づき、前経営者が負担する保証債務について、後継者に当然に引き継がせるのではなく、必要な情報開示を得た上で、保証契約の必要性等について改めて検討するとともに、その結果、保証契約を締結する場合には、保証契約の必要性等について主債務者及び後継者に対して丁寧かつ具体的な**説明を行う態勢が整備**されているか。

また、**前経営者から保証契約の解除を求められた場合**には、前経営者が引き続き実質的な経営権・支配権を有しているか否か、当該保証契約以外の手段による既存債権の保全の状況、法人の資産・収益力による借入返済能力等を勘案しつつ、**保証契約の解除についての適切な判断を行う態勢**が整備されているか（Ⅱ－10－2参照）。

各章共通

　(5)②は、既存取引先や新規申込先への融資謝絶について定めています。皆さんの金融機関での、融資謝絶の対応方法や、謝絶の事実の記録方法を確認しておきましょう。

②顧客の要望を謝絶し貸付契約に至らない場合

　これまでの取引関係や、顧客の知識、経験、財産の状況及び取引を行う目的に応じ、可能な範囲で、謝絶の理由等についても説明する態勢が整備されているか。

　例えば、長期的な取引関係を継続してきた顧客に係る手形貸付について**更なる更改を謝絶する場合**、信義則の観点から顧客の理解と納得が得られるよう、原則として時間的余裕をもって**説明**することとしているか。

　例えば、**信用保証協会**の保証付き融資について、営業上の判断に即した本来の説明を的確に行うことなく、平成19年10月より「責任共有制度」が導入されたことを口実として**融資を謝絶する**といった**不適切な対応**を行っていないか。

5章・6章関連

　(5)③は、延滞債権回収や、企業再生、保証人等の個人再生への情報提供態勢を定めています。

③延滞債権の回収（担保処分及び個人保証の履行請求によるものを含む。）、債権譲渡、企業再生手続（法的整理・私的整理）及び債務者や保証人の個人再生手続等の場合

イ．これまでの取引関係や、顧客の知識、経験、財産の状況及び取引を行う目的に応じ、かつ、法令に則り、一連の各種手続を段階的かつ適切に執行する態勢が整備されているか。

　例えば、経営者以外の第三者の保証人個人に保証債務の履行を求める場合は、基本的に保証人が主債務者の状況を当然には知り得る立場にないことに留意し、事後の紛争等を未然に防止するため、必要に応じ、一連の各種手続について正確な情報を提供する等**適切な対応を行う態勢**となっているか（Ⅱ－11－2（2）参照）。

ロ．手続の各段階で、**顧客から求められれば**、その**客観的合理的理由を説明**することとしているか。

ハ．特に経営者保証における保証債務の履行に際しては、「経営者保証に
　関するガイドライン」に基づき、保証人の手元に残すことのできる残
　存資産の範囲について、必要に応じ支援専門家とも連携しつつ、保証
　人の履行能力、経営者たる保証人の経営責任や信頼性、破産手続にお
　ける自由財産の考え方との整合性等を総合的に勘案して決定する**態勢**
　となっているか（Ⅱ−10−2参照）。
ニ．貸付債権の流動化
　　対象債権を有する銀行は、原債務者の保護に**十分配慮**しているか。
　　債務者等を圧迫し又はその私生活若しくは業務の平穏を害するよう
　な者に対して貸付債権を譲渡していないか。

(6)苦情等処理機能の充実・強化

> 〔各章共通〕
> (6)①は、説明態勢の改善等について定めています。

①苦情等の事例の蓄積と分析を行い、契約時点等における説明態勢の改
　善を図る取組みや苦情が多く寄せられる商品、取引の販売を継続する
　かどうかの**検討を行う**こととしているか。
　　また、説明態勢の改善に取り組んだ後に販売、契約した商品、取引に
　関する苦情相談等を確認し、当該取組みの効果を**確認**することとしてい
　るか。
　　なお、検証に当たっては、特に、Ⅱ−3−2−1−2（5）（取引関係
　の見直し等の場合の対応）に関する苦情等の取扱体制の実効性やⅡ−3
　−2−6−2（**苦情等対処に関する内部管理態勢の確立**）に**留意**する。

> 〔各章共通〕
> (6)②は、優越的地位の濫用に関連する苦情は、本部の担当者が直
> 接確認することなどを定めています。

②優越的地位の濫用が疑われる等の重大な苦情等の検証にあたっては、
　検証の客観性・適切性を確保する観点から、苦情等の発生原因となっ
　た営業店担当者等の報告等のみを判断の根拠とせず、必要に応じ、本
　部等の検証部署の担当者が苦情者等に直接確認するなどの措置を適切
　に講じる**態勢**となっているか。

> 〔各章共通〕
> (6)③は、反社会的勢力との絶縁等民事介入暴力に対する適切な対
> 応態勢について定めています。

③反社会的勢力との絶縁等民事介入暴力に対する適切な対応**態勢が整備**されているか。

イ．融資・担保解除の強要や回収妨害等の不当な行為に対する**対応態勢**が確立されているか。

ロ．与信取引関連も含め、犯収法に基づく疑わしい取引の届出を的確に行うための法務問題に関する一元的な**管理態勢**が**整備**され、機能しているか。

各章共通

(7)は、「① 独占禁止法上問題となる優越的な地位の濫用と誤認されかねない説明を防止する態勢の整備」と、インサイダー取引規制等の不公正取引と誤認されかねない説明を防止する態勢整備について定めています。

---

(7)不公正取引との誤認防止

①独占禁止法上問題となる優越的な地位の濫用と誤認されかねない説明を防止する**態勢が整備**されているか。

平成18年6月に公正取引委員会から「金融機関と企業との取引慣行に関する調査報告書」が公表され、優越的な地位の濫用として問題となる行為の例が示されているが、これを踏まえた顧客への説明態勢が整備されているか。上記報告書を単に営業店に配付するにとどまらず、実務に即した具体的な**説明態勢の整備**を行っているか。

なお、検証に当たっては、例えば、以下の点に留意する。

イ．問題となる行為の例として「借り手企業に対し、その責めに帰すべき正当な事由がないのに、要請に応じなければ今後の融資等に関し不利な取扱いをする旨を示唆すること等によって、契約に定めた金利の引上げを受け入れさせ、又は、契約に定めた返済期限が到来する前に返済させること」、「債権保全に必要な限度を超えて、過剰な追加担保を差し入れさせること」が示されているが、こうした行為が行われないように法令等遵守態勢を確立する一方で、金利の見直し等の客観的合理的理由について、顧客の理解と納得を得ることを目的とした**説明態勢が整備**されているか。

ロ．問題となる行為の例として「借り手企業に対し、要請に応じなければ融資等に関し不利な扱いをする旨を示唆して、自己の提供するファームバンキング、デリバティブ商品、社債受託管理等の金融商品・サービスの購入を要請すること」が示されているが、こうした要請を行わないように**法令等遵守態勢**を確立することとしているか。

ハ．同一の顧客に対する複数の取引の採算性を一括してみる、いわゆる「総合採算取引」を行う場合（抱き合わせ販売に該当する取引を除く）にあっても、上記**イ.及びロ.**の態勢を整備させた上で行うこととしているか。

②金融商品取引法に規定されたいわゆるインサイダー取引規制等の不公

正取引と**誤認されかねない説明を防止する態勢**が整備されているか。

Ⅱ－3－2－1－3　監督手法・対応

(1)顧客への説明態勢及びそれを補完する相談苦情処理機能が構築され機能しているかどうかは、顧客保護及び利用者利便の観点も含め、銀行の健全かつ適切な業務運営の基本にかかわることから、関係する内部管理態勢は高い実効性が求められる。

　検査結果、不祥事件等届出書等により、こうした内部管理態勢の実効性等に疑義が生じた場合、顧客を誤解させるおそれのある表示を行うなど禁止行為に該当する疑義がある場合は、必要に応じ報告（法第24条に基づく報告を含む。）を求めて検証し、業務運営の適切性、健全性に問題があると認められれば、法第24条に基づき改善報告を求め、重大な問題があると認められる場合には、法第26条に基づき業務改善命令を発出するものとする。

(2)上記の報告又は業務改善状況等を検証した結果、経営としてⅡ－3－2－1－1（1）の法令の趣旨に反し重要な社内規則等の作成自体を怠っていたことや顧客に対し虚偽の説明を行っていたことが確認された場合など重大な法令違反と認められるときは、法第27条に基づく行政処分（例えば、社内規則等の作成等の十分な体制整備がなされるまでの間の業務の一部停止）を検討する必要があることに留意する。ただし、個々の金融商品取引に係る行為が金融商品取引法に違反するおそれがある場合は、登録金融機関の監督担当部門と十分に連携する必要があることに留意する。

（参考）

①「地域密着型金融の取組みについての評価と今後の対応について－地域の情報集積を活用した持続可能なビジネスモデルの確立を－」（平成19年4月5日：金融審議会）

②金融機関と企業との取引慣行に関する調査報告書（平成18年6月21日：公正取引委員会）

③地域密着型金融の機能強化の推進に関するアクションプログラム（平成17～18年度）（平成17年3月29日：金融庁）

④新しい中小企業金融の法務に関する研究会報告書（平成15年7月16日：新しい中小企業金融の法務に関する研究会）

⑤リレーションシップバンキングの機能強化に関するアクションプログラム（平成15年3月28日：金融庁）

⑥リレーションシップバンキングの機能強化に向けて（平成15年3月27日：金融審議会）

⑦「中期的に展望した我が国金融システムの将来ビジョン」（平成14年9月30日：金融審議会）

⑧金融機関と企業との取引慣行に関する調査報告書（平成13年7月4日：公正取引委員会）

⑨銀行取引約定書ひな型の廃止と留意事項の作成について（平成12年4月18日：全国銀行協会）

⑩我が国金融システムの改革について（平成9年6月13日：金融制度調査会）

参考文献

『Q&A 改正債権法と保証実務』（筒井健夫・村松秀樹・脇村真治・松尾博憲／著、2019年、きんざい）

『定型約款の実務Q&A』（村松秀樹・松尾博憲／著、2018年、商事法務）

『一問一答 民法（債権関係）改正』（筒井健夫・村松秀樹／著、2018年、商事法務）

『practical 金融法務 債権法改正【第2版】』（三井住友銀行総務部法務室／著、井上聡・松尾博憲／編著、2020年、きんざい）

『100問100答 改正債権法でかわる金融実務』（TMI総合法律事務所／編、高山崇彦／編著、2017年、きんざい）

『詳解・債権法改正の基本方針〈1〉～〈5〉』（民法（債権法）改正検討委員会／編、2009-2010年、商事法務）

『法律プラザの道しるべ』（上野隆司／著、1982年、金融財政事情研究会）

〈著者略歴〉

相木　辰夫（あいき　たつお）

香川総合法律事務所 シニアマネージャー
東京都民銀行法務室長を経て現職。
東京商工会議所「民法（債権関係）普及啓発ワーキングチーム」委員（2017年）、法務省・東京商工会議所「民法（債権関係）見直しに関する懇談会」オブザーバー（2012年）、経済産業省「産業界との民法改正ワーキンググループ」委員（2011年）、東京商工会議所「会社法改正専門委員会」座長（2005年）等を歴任。
〈著書〉『知らないじゃすまされない！ 中小企業のための改正民法の使い方』（2020年、秀和システム）、「債権法改正のチェックポイント：実務からの質疑応答」（『銀行法務21』2020年1月号、経済法令研究会）他多数。

図解とＱ＆Ａでよくわかる
民法債権法改正の日常業務対応

2020 年 11 月 10 日　初版第 1 刷発行

著　者　　相木　辰夫

発行者　　中野　進介

発行所　株式会社 ビジネス教育出版社

〒 102-0074　東京都千代田区九段南 4 - 7 - 13
TEL 03(3221)5361（代表）／ FAX 03(3222)7878
E-mail▶info@bks.co.jp URL▶https://www.bks.co.jp

印刷・製本／シナノ印刷㈱　　装丁・本文デザイン・DTP ／タナカデザイン
落丁・乱丁はお取り替えします。

ISBN978-4-8283-0861-6　C2034

本書のコピー、スキャン、デジタル化等の無断複写は、著作権上での例外を除き禁じられています。購入者以外の第三者による本書のいかなる電子複製も一切認められておりません。